财务管理理论与应用技能培养

季文丽　张雪峰　**著**

赵　毓　**参著**

中国商务出版社
CHINA COMMERCE AND TRADE PRESS

图书在版编目（CIP）数据

财务管理理论与应用技能培养 / 季文丽，张雪峰著. -- 北京 : 中国商务出版社，2020.8
ISBN 978-7-5103-3458-0

Ⅰ. ①财… Ⅱ. ①季… ②张… Ⅲ. ①财务管理 Ⅳ. ①F275

中国版本图书馆CIP数据核字(2020)第138938号

财务管理理论与应用技能培养
CAIWU GUANLI LILUN YU YINGYONG JINENG PEIYANG

季文丽　张雪峰　著

出　　版：	中国商务出版社		
地　　址：	北京市东城区安定门外大街东后巷28号	邮编：	100710
责任部门：	教育培训事业部（010-64243016　gmxhksb@163.com）		
责任编辑：	高越		
总 发 行：	中国商务出版社发行部　（010-64208388　64515150）		
网购零售：	中国商务出版社考培部　（010-64286917）		
网　　址：	http://www.cctpress.com		
网　　店：	https://shop162373850.taobao.com/		
邮　　箱：	cctp6@cctpress.com		
印　　刷：	河北正德印务有限公司		
开　　本：	787毫米×1092毫米　1/16		
印　　张：	11.5	字　　数：	237千字
版　　次：	2020年8月第1版	印　　次：	2020年8月第1次印刷
书　　号：	ISBN 978-7-5103-3458-0		
定　　价：	50.00元		

凡所购本版图书有印装质量问题，请与本社总编室联系。（电话：010-64212247）

版权所有　盗版必究　（盗版侵权举报可发邮件到此邮箱：1115086991@qq.com 或致电：010-64286917）

前　言

财务管理是当代经济管理学科中年轻而蓬勃发展的学科之一，它已经为人们用经济的观点理解世界做出了巨大贡献。20世纪50年代迄今，经典财务管理理论不断涌现：如马克维茨的投资组合理论、夏普等人的资本资产定价模型、珐玛的有效资本市场假设理论、罗斯的套利定价理论、莫迪格里尼和米勒的现代资本结构理论、布莱克与斯科尔斯的期权定价理论等。此外，金融中介理论、代理理论、市场微观结构理论、现代公司控制理论先后被提出，所有这些理论构成了现代财务管理的核心内容，形成了以决策为核心的现代财务管理。财务理论正在指导实践、解释现实，被世界诸多财务管理者用来创造和管理巨额财富。

在我国市场经济体制改革的过程中，企业已被全方位推向市场，并逐步形成了完善的现代企业制度，企业要想在当前市场环境中立足，必须要加强财务管理。财务管理是企业管理中的重要组成部分，在企业管理体系中处于核心地位，企业的正常运营与积极发展离不开良好的财务管理。本书围绕财务管理理论与应用技能培养，在内容编排上共设置七章：第一章是财务管理的基础理论；第二章是财务管理环境与组织机构；第三章是财务管理的价值观念风险防范；第四章是财务分析与评价体系实践研究；第五章是财务预测方法与预算管理应用技能培养；第六章是财务信息质量的管控技能培养；第七章是企业并购重组与清算应用技能的培养。

本书根据财务管理的特点，将理论与应用技能紧密结合起来，以突出不同技法的适用性。一方面内容充实，通俗易懂，不仅包含了财务管理的主要理论，也注重分析研究财务管理技能的演练性，所涉及的知识点都进行较为详细的论述。另一方面试图构建较为科学、完善的知识结构。先从财务管理的基本理论为逻辑起点，按照先概述、后逐条分析的顺序，这对财务管理理论与应用技能培养具有非常重要的意义。

本书的撰写得到了许多专家学者的指导和帮助，在此表示诚挚的谢意。由于笔者水平有限，加之时间仓促，书中有不尽如人意处在所难免，欢迎各位积极批评指正，笔者会在日后进行修改，以飨读者。

作　者

2019年11月

目 录

第一章　财务管理的基础理论 1
第一节　财务管理的核心概念 1
第二节　财务管理的基本目标 3
第三节　财务管理的具体环节 9
第四节　财务管理假设与原则 12

第二章　财务管理环境与组织机构 21
第一节　财务管理环境分析 21
第二节　财务管理的组织机构 26
第三节　金融市场与金融工具 33

第三章　财务管理的价值观念风险防范 40
第一节　财务管理价值的概念 40
第二节　资金时间价值解读 41
第三节　价值观念在证券估价中的应用 46
第四节　财务管理的风险与报酬 51
第五节　企业财务风险成因及防范 53

第四章　财务分析与评价体系实践研究 72
第一节　财务分析概述 72
第二节　财务能力分析体系实践 79
第三节　财务发展趋势分析实践 85
第四节　财务状况综合分析与评价实践 86

第五章　财务预测方法与预算管理应用技能培养 …… 94

第一节　财务预测与预算的基础方法 …… 94
第二节　增长率的预测与资金需求 …… 100
第三节　预计财务报表的编制技能 …… 102
第四节　财务预算与营业预算的编制技能 …… 104
第五节　各类财务报表的编制 …… 107

第六章　财务信息质量的管控技能培养 …… 120

第一节　财务信息质量管控策略的整体规划 …… 120
第二节　财务统一核算制度与管控的组织设计 …… 125
第三节　内部交易协同与控制流程设计 …… 132
第四节　多视角动态查询与财务报告 …… 136

第七章　企业并购、重组与清算技能的培养 …… 138

第一节　企业并购技能的培养研究 …… 138
第二节　企业重组技能的培养研究 …… 154
第三节　企业清算技能的培养研究 …… 164

参考文献 …… 173

第一章 财务管理的基础理论

财务，从字面上讲，就是有关财产的业务。财务有两种形式，一种是实物财产形式，另一种是货币财产形式。对前者的管理称为"物资管理"，对后者的管理称为"财务管理"。货币形式财产的业务，就是指用价值量来表示的物资运动，即资金运动，因此，财务管理就是通过价值形态对企业资金运动进行决策、计划和控制的综合性管理。本章重点阐述财务管理的核心概念、财务管理的基本目标、财务管理的具体环节、财务管理假设与原则。

第一节 财务管理的核心概念

财务管理作为一门学科，具有一系列的基础概念体系。夯实这些基础概念及其相互关系，有助于理解并运用财务管理的理论与方法。

一、净现值的内涵

净现值是一个投资项目的预期现金流入的现值与该项目预期现金流出的现值之间的差额，即一个项目的净增价值的现值表现。净现值为正值的项目可以为股东创造价值，净现值为负值的项目会损害股东财富。

净现值是财务管理基本原理模型化的一种表达，由此，有学者把财务管理的基本原理称作净现值原理。净现值的内涵非常丰富，财务管理的一系列基础性专业概念都与其相联系。仅就净现值的界定而言，涉及现金和现金流量、现值和折现率、资本成本等基础概念。界定这些基础概念，又会涉及另一层次的概念。所有这些基础性的专业概念互相联系，存在着一定的逻辑关系，并有一定的层级，共同组成以净现值为核心的财务管理基础概念体系。掌握这些概念的相互关系，对正确运用专业概念和理解财务理论十分重要。

二、现值与折现率的内涵

净现值的基础是现值。现值，也称折现值，是指把未来现金流量折算为基准时点的价值，用以反映投资的内在价值。这里的"基准时点"，是指目前进行价值评估及决策分析的时间点，一般以零标记。把未来现金流量"折算"为现值，需要恰当的折现率。使用折现率将未来现金流量折算为现值的过程，称为"折现"。

折现率，是指把未来现金流量折算为现值时所使用的一种比率。实质上，折现率是投资者要求的必要报酬率或最低报酬率。在实务中，需要根据现值评估对象及其具体情况，经过估计选择恰当的折现率，资本成本是一个备选。资本资产定价模型（Capital Asset Pricing Model，缩写为CAPM，或译作资本资产估值模型、长期金融资产估值模型），实际上是用于估计一种折现率的模型。需要注意，折现率不是贴现率。贴现率主要用于应收票据贴现，折现率广泛用于投资决策、筹资决策等方面。

三、现金与现金流的内涵

股东财富的一般表现形式是现金。现金是指库存现金、银行存款和其他货币的合称。这是财务学意义上广义的现金。狭义的现金仅指库存现金。现金是最具流动性的资产。投资人（包括股东和债权人）最初提供给公司的资本主要是现金，公司经营收益后分派给股东的股利大多是现金。因此，公司和投资人都非常关注现金流入。股东财富的增加或减少必须用现金来计量。

现金流，又称现金流量，是指一定期间经营活动、投资活动和筹资活动产生的现金流入、现金流出和现金净流量的总称。财务管理强调现金流量，突出现金净流量，与净利润区别开来。现金净流量是一定期间（或一个项目开始至结束）现金流入和现金流出的差额，净利润是公司收益的会计计量。公司产生的现金净流量和实现的净利润在时间上往往并不一致。在财务管理中，通常对备选的证券投资、项目投资的现金流入、现金流出和现金净流量进行预先的估计，据以测算证券的现值和项目的净现值，做出投资的决策。

四、资本成本的内涵

资本成本是指公司筹集和使用资本时所付出的代价，一般包含筹资费用和用资费用。筹资费用主要指股票、债券的发行费用，向非银行金融机构借款的手续费用等；用资费用有股利、利息等。广义上，公司筹集和使用任何资本，无论长期资本还是短期资本，都要付出代价。狭义上，资本成本仅指筹集和使用长期资本的成本。按照长期资本的种类划分，资本成本相应区分为股票的资本成本、债券的资本成本和长期借款的资本成本等。在实务中，资本成本应用于资本预算和资本结构的决策等方面。

第二节 财务管理的基本目标

一、财务管理目标的内涵

目标是系统所要达到的目的。不同的系统所研究和解决的问题不同，所要达到的目的不同，即不同的系统有不同的目标。财务管理的目标是企业财务管理活动所要达到的目的，是财务管理工作所希望实现的结果，是评价财务管理行为是否合理的基本标准。

财务管理目标是财务管理理论的基本构成要素，它决定财务管理的内容、职能、使用的概念和方法，是财务管理实践中进行财务决策的出发点和归宿。财务管理目标制约着财务运行的基本特征和发展方向，是财务运行的驱动力。研究设置财务管理目标，既是建立科学的财务管理理论结构的需要，也是优化财务管理行为的需要。

财务管理目标具有相对稳定性和层次性特征。相对稳定性是指财务管理目标在一定时期内，应保持相对稳定。尽管随着一定的政治、经济环境的变化，财务管理目标可能会发生变化，人们对财务管理目标的认识也会不断深化，但是财务管理目标是财务管理的根本目的，必须与企业整体发展战略相一致，符合企业长期发展战略的需要，体现企业发展战略的意图。因此在一定时期内应保持稳定。层次性是指总目标分解到企业的各个部门甚至班组岗位，形成企业、部门、班组岗位等多层次目标。财务管理目标的分解应该与企业战略目标的分解同时进行，以保证财务管理目标的落实与企业战略目标的落实相一致。

二、财务管理目标基本理论

（一）利润最大化目标理论

利润最大化目标是指企业财务管理活动以实现最大的利润为目标。

以利润最大化作为财务管理目标，是因为利润可以衡量创造财富的多少。企业从事生产经营活动的目的就是创造更多的财富，而财富的多少可用利润衡量。利润是企业补充资本、扩大经营规模的源泉，只有每个企业都最大限度地获得利润，整个社会的财富才可能实现最大化，从而带来社会的进步和发展。

利润最大化目标的弊端主要有：①没有考虑利润实现时间和时间价值。例如：今年获利100万元和三年后获利100万元，其实际价值是不同的。如果不考虑利润实现时间和时间价值，很难做出正确判断。②没有考虑所获利润与投入资本额的关系。例如：同样获利

100万元的两个方案，一个投入资本500万元，一个投入资本300万元，两个方案的投资效率是不同的。如果不考虑所获利润与投入资本的关系，很难做出正确的选择。③没有考虑获取利润和所承担风险的关系。例如：两个方案投放的资本额相同，所获利润也相同，只是利润的存在形态不同，一个是现金，一个是应收账款，且存在坏账的可能。这两个方案利润的期望值是不同的，如果不考虑风险因素，很难做出正确的判断。④容易产生短期化行为。①

（二）每股盈余最大化目标理论

每股盈余最大化目标是指企业财务管理活动以实现每股盈余最大或权益资本利润率最大为目标。

所有者作为企业的投资者，其投资目标是取得资本收益，具体表现为净利润与出资额或普通股股数的对比关系，这种关系可以用每股盈余反映。这种观点认为，应该把企业所获利润与所有者投入的资本联系起来，即用每股盈余来概括财务管理目标，以克服"利润最大化"目标的缺陷。

每股盈余最大化目标存在以下弊端：② ①仍然没有考虑每股盈余取得的时间和时间价值。②仍然没有考虑每股盈余的风险性。③可能产生短期化行为。

（三）股东财富最大化目标理论

股东财富最大化目标是指企业财务管理活动以实现股东财富最大为目标。

在股份公司中，股东财富是由其所拥有的股票数量和股票市场价格决定的。在股票数量一定时，当股票价格达到最高时，股东财富也达到最大。所以，股东财富最大化，又演变为股票价格最大化。股东财富最大化目标可以理解为最大限度地提高现在的股票价格。股价的升降，代表了投资大众对公司股权价值的客观评价。它以每股的价格表示，反映了资本和获利之间的关系；它受预期每股盈余的影响，反映了每股盈余大小和取得的时间；它受企业风险大小的影响，可以反映每股盈余的风险。

股东财富最大化目标的优点：①股东财富最大化目标考虑了风险和时间价值因素，反映了资本和获利之间的关系；②股东财富最大化在一定程度上能够克服企业在追求利润上的短期行为；③股东财富最大化目标比较容易量化，便于考核和奖惩。

股东财富最大化目标的缺点：①它只适用于上市公司，对非上市公司则很难适用；

---

① 严碧容，方明. 财务管理学 [M]. 杭州：浙江大学出版社，2016.
② 张建伟，盛振江. 现代企业管理 [M]. 北京：人民邮电大学出版社，2011.

②它只强调股东的利益,而对企业其他关系人的利益重视不够;③股票价格受多种因素影响,并非都是公司所能控制的,把不可控因素引入理财目标是不合理的。尽管股东财富最大化存在上述缺点,如果证券市场高度发达,市场效率高,上市公司则可以把股东财富最大化作为财务管理的目标。

(四) 企业价值最大化目标理论

企业价值最大化目标是指企业财务管理活动以实现企业价值最大为目标。

企业价值是指企业整体的经济价值,企业整体的经济价值是指企业作为一个整体的公平市场价值。通常用企业所产生的未来现金流量的现值来计量。

企业价值最大化目标的好处:①企业价值最大化目标考虑了取得报酬的时间和时间价值。②企业价值最大化目标考虑了风险与报酬的联系。③企业价值最大化目标考虑了获得的报酬与投入资本额之间的关系。④企业价值最大化目标能克服短期行为。

企业价值最大化目标的弊端是计量困难。

(五) 相关者利益最大化目标理论

相关者利益最大化目标是指企业财务管理活动以实现企业相关者的利益最大为目标。现代企业是多边契约关系的总和。股东作为企业所有者,在企业中承担着最大的权利、义务、风险和报酬。但在市场经济中,债权人、员工、企业经营者、客户、供应商和政府也为企业承担着风险。在确定企业财务管理目标时,不能忽视这些相关利益群体的利益。

相关者利益最大化目标的好处:①有利于企业长期稳定发展。②体现了合作共赢的价值理念。③较好地兼顾了各利益主体的利益。④体现了前瞻性和现实性的统一。企业价值最大化是目前企业财务管理最理想的目标。

三、影响财务管理目标实现的主要因素

企业价值是根据其资本成本计算的企业未来现金流量现值之和。企业价值计量模型显示,决定企业价值的因素是企业未来的现金流量和资本成本。企业财务管理目标是企业价值最大化,因此,影响财务管理目标实现的因素是现金流量和资本成本。提高现金流量,降低资本成本正是企业价值创造的有效途径。

(一) 现金流量因素

现金流量是指各期的预期现金流量,是企业全部现金流入扣除成本费用和必要的投资后的剩余部分,它是企业一定期间可以提供给所有投资人(包括股权投资人和债权投资

人）的税后现金流量。决定企业现金流量的因素是企业的经营活动和投资活动。

（1）经营活动。经营活动产生的现金对于价值创造有决定意义，从长远来看经营活动产生的现金是企业盈利的基础。经营活动产生的现金取决于销售收入和成本费用两个因素，收入是增加企业价值的因素，成本费用是减少企业价值的因素，两者的差额是利润。增加企业价值的利润因素，不仅是当前的利润，还包括预期增长率。销售和利润的增长率取决于企业的外部环境、内部条件和竞争战略。

（2）投资活动。投资活动包括资本资产投资和营运资产投资。资本资产投资的目的大多是为了增加产量、提高产品性能、降低成本，或者减少流动资产占用。投资支出是一项重要的现金流出，除非它有助于增加收入、降低成本或减少营运资金，否则会减少企业价值。对投资项目得失的评价，要在投资项目实施前完成。营运资产投资是周转使用的，以尽可能少的营运资本支持同样的经营现金流，节约资本成本支出，有利于增加企业价值。

投资提供了经营活动赚取利润的条件，投资与利润有投入和产出的关系。利润与投资的比率称为投资资本回报率，反映企业的盈利能力。只有投资资本回报率大于资本成本的投资，才能为企业创造价值，反之，将减损企业价值。因此，投资资本回报率是决定企业价值的关键因素。

（二）资本成本因素

资本成本是企业筹集和使用资本所付出的代价。决定资本成本的企业内部因素是筹资活动和风险。

（1）筹资活动。资本的筹集包括债务资本筹集和权益资本筹集。由于债务利息可以税前扣除，债务成本比权益成本低，利用债务筹资可以增加企业价值。与此同时，债务增加会提高企业的破产风险，不利于企业价值的增加。因此，企业必须对它们进行权衡，合理确定资本结构，降低平均资本成本，增加企业价值。广义的筹资活动还包括股利分配，股利分配决策同时也是内部筹资决策。

（2）风险。风险是预期结果的不确定性。企业风险是企业预期现金流量的不确定性。资本成本是计算企业价值使用的折现率。折现率是现金流量风险的函数，风险越大，折现率越大，企业价值越低。

四、利益相关者的冲突与协调

所有者、经营者和债权人是企业最重要的利益相关者。他们在企业中的地位不同，目标也不同。他们都为实现自己的目标而努力，从而导致利益冲突。企业必须协调这三方面的利益冲突，才能实现"企业价值最大化"目标。

(一) 所有者与经营者

(1) 所有者与经营者的利益冲突。企业是所有者的企业，所有者的目标是所有者财富最大化，经营者受所有者的委托管理企业。经营者的目标是增加报酬，增加闲暇时间，并希望付出一分劳动便得到一分报酬。经营者有可能为了自身的目标而背离所有者的目标，伤害所有者的利益。这种背离表现在两个方面：①"道德风险"。经营者为了自己的目标，不是尽最大努力去实现企业财务管理的目标，他们没有必要为增加所有者财富而冒险。他们不做什么错事，只是不十分卖力，以增加自己的闲暇时间。这样做，不构成法律和行政责任问题，只是道德问题，所有者很难追究他们的责任。②"逆向选择"。经营者为了自己的目标而背离股东的目标。例如，装修豪华的办公室，购置高档汽车等；借口工作需要乱花股东的钱；或者蓄意压低股票价格，以自己的名义借款买回，导致股东财富受损。[1]

(2) 所有者与经营者利益冲突的协调。为了防止经营者背离股东的目标，通常有两种方式：①监督。经营者背离股东的目标，其条件是双方的信息不对称，主要是经营者了解的信息比股东多。避免"道德风险"和"逆向选择"的出路是股东获取更多的信息，对经营者进行监督，在经营者背离股东目标时，减少其各种形式的报酬，甚至解雇他们。所有者对经营者的监督是必要的，但受到监督成本的限制，不可能事事都监督。监督可以减少经营者违背所有者意愿的行为，但不能解决全部问题。②激励。防止经营者背离股东目标的另一种方式是采用激励计划，使经营者分享企业增加的财富，鼓励他们采取符合股东最大利益的行动。主要有"股票期权"和"绩效股"两种方式。"股票期权"是允许经营者在未来某一时间以约定的价格购买一定数量本企业股票的权利。股票未来的市场价格高于约定价格的部分就是经营者所得的报酬，经营者为了获得更大的股票涨价益处，就必然主动采取能够提高股价的行动，从而增加所有者财富。"绩效股"是企业运用每股收益、资产收益率等指标来评价经营者绩效，并根据其绩效大小给予经营者数量不等的股票作为报酬。这种方式使经营者为了多得绩效股而不断采取措施提高经营绩效，从而增加所有者财富。无论是股票期权还是绩效股，都存在一个给予经营者股票数量多少即报酬高低的问题。报酬过低，不足以激励经营者，股东不能获得最大利益；报酬过高，股东付出的激励成本过大，也不能实现自己的最大利益。因此，激励可以减少经营者违背股东意愿的行为，但也不能解决全部问题。

股东同时采取监督和激励两种方式来协调自己和经营者的目标。其最佳的协调办法是能够使监督成本、激励成本和偏离股东目标的损失之和降到最小的办法。

---

[1] 章萍，鲍长生. 财务管理 [M]. 上海：上海社会科学院出版社，2015.

（二）所有者与债权人

（1）所有者与债权人的利益冲突。当公司向债权人借入资金后，两者也就形成一种委托代理关系。债权人把资金借给企业，其目标是到期时收回本金，并获得约定的利息收入；公司借款的目的是用它扩大经营，投入有风险的生产经营项目，两者的目标并不一致。

借款合同一旦成为事实，资金划到企业，债权人就失去了控制权，股东可以通过经营者为了自身利益而伤害债权人的利益，其常用方式是：①股东不经债权人的同意，投资于比债权人预期风险更高的新项目。如果高风险的计划侥幸成功，超额的利润归股东独享；如果计划不幸失败，公司无力偿债，债权人与股东将共同承担由此造成的损失。②股东为了提高公司的利润，不征得债权人的同意而指使管理当局发行新债，致使旧债券的价值下降，使旧债权人蒙受损失。旧债券价值下降的原因是发新债券后公司负债比率加大，公司破产的可能性增加，如果企业破产，旧债权人和新债权人要共同分配破产后的财产，使旧债券的风险增加、价值下降。

（2）所有者与债权人利益冲突的协调。债权人为了防止其利益被伤害，除了寻求立法保护，如破产时优先接管、优先于股东分配剩余财产等外，通常采取以下两种措施：①契约限制。在借款合同中加入限制性条款，如规定资金的用途、规定不得发行新债或限制发行新债的数额等。②终止合作。发现公司有损害其债权意图时，拒绝进一步合作，不再提供新的借款或提前收回借款。

（三）所有者与其他利益相关者

其他利益相关者是指除股东、债权人和经营者之外的对企业现金流量有潜在索偿权的人。可分为两种：一种是合同利益相关者，包括主要客户、供应商和员工，他们和企业存在法律关系，受到合同的约束；另一种是非合同利益相关者，包括一般消费者、社区居民以及其他和企业有间接利益关系的群体。

股东和合同利益相关者既有共同利益，也有利益冲突。股东可能为自己利益伤害合同利益相关者，合同利益相关者也可能伤害股东利益。因此，要通过立法调节他们之间的关系，保障双方的合法权益。一般来说，企业只要遵守合同就可以基本满足合同利益相关者的要求，在此基础上股东追求自身利益最大化也会有利于合同利益相关者。

对于非合同利益相关者，法律关注较少，享受到的法律保护低于合同利益相关者。公司的社会责任政策，对非合同利益相关者影响很大。

社会责任是指企业对于超出法律和公司治理规定的对利益相关者最低限度义务之外

的、属于道德范畴的责任。

企业对于合同利益相关者的社会责任主要是：劳动合同之外员工的福利，例如帮助住房按揭、延长病假休息、安置职工家属等；改善工作条件，例如优化工作环境、建立体育俱乐部等；尊重员工的利益、人格和习俗，例如尊重个人私有知识、重视员工的意见和建议、安排传统节日聚会等；设计个性化的工作方式，例如分配任务时考虑使员工不断产生满足感及灵活的工作时间等；友善对待供应商，如改进交易合同的公平性、宽容供应商的某些失误等；采用优惠少数民族、不轻易裁减员工等灵活的就业政策。

企业对非合同利益相关者的社会责任主要是：环境保护，例如使排污标准降低至法定标准之下，节约能源等；产品安全，例如即使消费者使用不当也不会构成危险等；市场营销，例如广告具有高尚情趣、不在某些市场销售自己的产品等；对社区活动的态度，例如赞助当地活动、支持公益活动、参与救助灾害等。

企业的目标和社会的目标在许多方面是一致的。企业在追求自己的目标时，自然会使社会受益。企业的目标和社会的目标也有不一致的地方。例如，企业为了获利，可能生产伪劣产品，可能不顾工人的健康和利益，可能造成环境污染，可能损害其他企业的利益等。

股东只是社会的一部分人，他们在谋求自己利益的时候，不应当损害他人的利益。为此，国家颁布了一系列保护公众利益的法律来调节股东和社会公众的利益。

通常企业只要依法经营，在谋求自己利益的同时就会使公众受益。但是，法律不可能解决所有问题，企业有可能在合法的情况下从事不利于社会的事情。因此，企业还要受到商业道德的约束，要接受政府有关部门的行政监督以及社会公众的舆论监督，要进一步协调企业和社会的矛盾，促进构建和谐社会。

第三节 财务管理的具体环节

财务管理工作环节是指财务管理的工作步骤和一般程序。企业财务管理一般包括以下五个环节：

一、财务预测环节

财务预测是企业根据财务活动的历史资料，考虑现实条件与要求，运用特定方法对企业未来的财务活动和财务成果做出科学的预计或测算。财务预测是进行财务决策的基础，是编制财务预算的前提。

（1）财务预测的任务。①测算企业财务活动的数据指标，为企业决策提供科学依据。

②预计企业财务收支的发展变化，确定企业未来的经营目标。③测定各项定额和标准，为编制计划、分解计划指标提供依据。

（2）财务预测的步骤。财务预测是按照一定的程序进行的，其步骤如下：①确立财务预测的目标，使预测工作有目的地进行。②收集、分析财务预测的资料，并加以分类和整理。③建立预测模型，有效地进行预测工作。④论证预测结构。检查和修正预测的结果，分析产生的误差及其原因，以确保目标的完成。

财务预测所采用的方法一般有两种：一种是定性预测，是指企业缺乏完整的历史资料或有关变量之间不存在较为明显的数量关系下，专业人员进行的主观判断与推测；另一种是定量预测，是指企业根据比较完备的资料，运用数学方法，建立数学模型，对事物的未来进行的预测。实际工作中，通常将两者结合起来进行财务预测。

二、财务决策环节

财务决策是企业财务人员按照企业财务管理目标，利用专门方法对各种备选方案进行比较分析，并从中选出最优方案的过程。它不是拍板决定的瞬间行为，而是提出问题、分析问题和解决问题的全过程。正确的决策可使企业起死回生，错误的决策可导致企业毁于一旦，所以财务决策是企业财务管理的核心，其成功与否直接关系到企业的兴衰成败。

财务决策不同于一般业务决策，具有很强的综合性。其决策程序如下：

第一，确定决策目标。以预测数据为基础，结合本企业总体经营的部署和国家宏观经济的要求，确定决策期内企业需要实现的财务目标。

第二，提出备选方案。以确定的财务目标为主，考虑市场可能出现的变化，结合企业内外有关财务和其他经济活动资料以及调查研究材料，设计出实现财务目标的各种备选方案。

第三，选择最优方案。通过对各种可行备选方案的分析论证与对比研究，做出最优财务决策。

财务决策常用的一般方法有：比较分析法、线性规划法、概率决策法和最大最小收益值法等。

三、财务预算环节

财务预算是指企业运用科学的技术手段和数量方法，对未来财务活动的内容及指标进行综合平衡与协调的具体规划。财务预算是以财务决策确立的方案和财务预测提供的信息为基础编制的，是财务预测和财务决策的具体化，是财务控制和财务分析的依据，贯穿企业财务活动的全过程。

财务预算的编制程序主要有：①分析财务环境，确定预算指标。②协调财务能力，组织综合平衡。③选择预算方法，编制财务预算。

四、财务控制环节

财务控制是在财务管理过程中，利用有关信息和特定手段，对企业财务活动所施加的影响和进行的调节。实行财务控制是落实财务预算、保证预算实现的有效措施，也是责任绩效考评与奖惩的重要依据。

财务控制实施的步骤主要有：①制定控制标准，分解落实责任。②实施追踪控制，及时调整误差。③分析执行情况，搞好考核奖惩。

财务控制的主要方法有：①事前控制。这是在财务活动发生之前所进行的控制活动。②事中控制。这是对企业生产经营活动中实际发生的各项业务活动按照计划和制度的要求进行审核，并采取措施加以实施。③事后控制。这是在财务计划执行后，认真分析检查实际与计划之间的差异，采取切实的措施，消除偏差或调整计划，使差异不致扩大。

五、财务分析环节

财务分析是根据企业核算资料，运用特定方法，对企业财务活动过程及其结果进行分析和评价的一项工作。财务分析既是本期财务活动的总结，也是下期财务预测的前提，具有承上启下的作用。通过财务分析，可以掌握企业财务预算的完成情况，评价财务状况，研究和掌握企业财务活动的规律，改善财务预测、财务决策、财务预算和财务控制，提高企业财务管理水平。通常财务分析的内容主要包括以下几个方面：

其一，分析偿债能力。企业偿债能力分析包括短期偿债能力分析和长期偿债能力分析。短期偿债能力分析主要分析企业债务能否及时偿还。长期偿债能力分析主要分析企业资产对债务本金的支持程度和对债务利息的偿付能力。

其二，分析营运能力。营运能力分析既要从资产周转期的角度来评价企业经营活动量的大小和资产利用效率的高低，又要从资产结构的角度来分析企业资产构成的合理性。

其三，分析盈利能力。盈利能力分析主要分析企业营业活动和投资活动产生收益的能力，包括企业盈利水平分析、社会贡献能力分析、资本保值增值能力分析以及上市公司税后利润分析。

其四，分析综合财务能力。从总体上分析企业的综合财务实力，评价企业各项财务活动的相互联系和协调情况，揭示企业经济活动中的优势和薄弱环节，指明改进企业工作的主要方向。

财务分析常用的主要方法有对比分析法、因素分析法、趋势分析法和比率分析法等。

第四节 财务管理假设与原则

一、财务管理假设的内容解读

财务管理假设是指对财务管理领域中存在的尚未确知或无法论证的事物按照客观事物发展规律所做的合乎逻辑的推理或判断。主要有两层含义：第一层指无须证明的"当然"之理，可作为逻辑推理的出发点；第二层指人们在已有知识的基础上，对观察到的一些新现象做出理论上的初步说明，是有待于继续证明的命题。财务管理假设是建立财务管理理论体系的基础，是财务管理理论的构成要素。

（一）资本市场有效假设内容

资本市场有效假设即假设资本市场健全有效。只有资本市场健全有效，财务管理理论体系才能建立。美国学者法玛（Fama）将有效市场分为弱式有效、半强式有效和强式有效三类：弱式有效市场的含义是当前的证券价格完全地反映了已蕴含在证券历史价格中的全部信息，任何投资者仅仅依据历史的信息进行交易，均不会获得额外报酬。半强式有效市场的含义是证券价格完全反映所有公开的可用信息。任何投资者依据一切公开的信息进行交易，均不能获得额外报酬。强式有效市场的含义是证券价格完全反映了一切公开的和非公开的信息，投资者即使掌握了内幕信息也无法获得额外报酬。最理想的市场是强式有效市场，但目前世界上所有资本市场都未实现这一理想。

资本市场有效假设是确立财务管理原则，进行筹资、投资决策的理论基础，如果资本市场无效，财务管理理论与方法体系难以建立。

（二）财务主体假设内容

财务主体假设是指财务管理为之服务的特定单位，通常是指具有独立或相对独立的物质利益的经济实体。财务主体假设的意义在于：其一，明确了财务管理的边界，即财务主体假设将财务管理限定在一个经济上和经营上具有独立性的组织内，而不是漫无边际的。其二，区分不同财务主体的理财活动，财务主体假设明确了财务管理工作的空间范围，将一个主体的理财活动与其他主体的理财活动区分开来，使用财务主体假设，将公司与股东、债权人、职工等主体分开，有助于实现财务管理目标。

财务主体具有独立性、目的性等特征。独立性是指财务主体能够自主地进行融资、投资分配等一系列财务活动。首先财务主体拥有自己所能控制的资金，并能对其财务活动的结果承担责任；其次财务主体始终能够根据自身需要和目标自主地进行财务决策。独立性是财务主体的主要特征。目的性是指财务主体从事财务活动都有自己的目标，根据目标来规划自己的行动。财务管理的目标是企业价值最大化，而不同的理财活动又有不同的具体目标，筹资活动的具体目标是筹集足够的资金，确定最佳资本市场，降低资本成本率。投资活动的目标是收益最大化，分配的目标是满足投资者和企业发展的需要。

财务主体假设为正确建立财务管理目标，科学划分权责关系奠定了理论基础。

（三）持续经营假设内容

持续经营假设是指财务主体持续存在且能够执行预计的经济活动，即每一个财务主体在可以预见的未来都会无限期地经营下去。持续经营假设明确了财务管理工作的时间范围。

如果没有证据表明企业无法继续经营下去，假设企业能够持续经营。只有企业能够持续经营，企业的筹资决策、投资决策和分配决策才有意义。

如果有证据表明企业无法继续经营下去，以持续经营假设为基础建立起来的财务管理原则和方法也就失去了应用的意义。此时，必须放弃此项假设，改为在清算假设下进行清算工作。

事实上，由于市场的激烈竞争和优胜劣汰的客观规律，企业几乎不可能永远存在。不论一家企业规模大小，其"生命"总是有限的。因此，持续经营是企业做出的符合逻辑的判断。

持续经营假设是财务管理的基本前提。在日常的财务管理活动中，在确定筹资时，要注意合理安排短期资金和长期资金的关系；在进行投资时，要合理确定短期投资和长期投资的关系；在进行收益分配时，要正确处理各利益集团短期利益和长期利益的关系。这些财务活动都是建立在持续经营假设基础之上的。

（四）理性理财假设内容

理性理财假设是指从事财务管理工作的人员都是理性的财务管理人员，他们的所有财务管理行为都是理性的，他们在方案选择时，会选择认为对自己最有利的方案。现实中，可能存在理性与非理性的财务管理人员，只能假设所有的财务管理人员都是理性的，做出的决策是正确的，否则他们就不会做出这样的决策。之所以做出理性理财假设，是因为非理性的理财行为是没有规律的，而没有规律的东西无法上升到理论的高度。财务管理理论与方法体系也无法建立。

理性理财假设至少包含三层含义：其一，理财是一种有目的行为。即企业的理财活动都是有一定的目标的，并且在当时，理财的目标被认为是正确的。其二，财务管理人员决策时能够选择最佳方案，即财务管理人员通过比较、判断、分析，从若干个备选方案中选择一个有利于财务管理目标实现的最佳方案。其三，当财务管理人员发现正在执行的方案是错误的方案时，会及时采取措施进行纠正，不会让错误继续下去，从而能够最大限度地减少损失。

二、财务管理的基本原则

财务管理原则是指人们对财务活动的共同的、理性的认识，是财务交易和财务决策的基础。具体分为三类十二项原则。

（一）竞争环境的原则

竞争环境的原则，是对资本市场中人的行为规律的基本认识。

1. 自利行为原则的内容

自利行为原则是指人们在进行决策时按照自己的财务利益行事，在其他条件相同的情况下人们会选择对自己经济利益最大的行动。

自利行为原则的依据是理性的经济人假设。该假设认为，人们对每一项交易都会衡量其代价和利益，并且会选择对自己最有利的方案来行动。自利行为原则假设企业决策人对企业目标具有合理的认识程度，并且对如何达到目标具有合理的理解。在这种假设情况下，企业会采取对自己最有利的行动。

自利行为原则的一个重要应用是委托-代理理论。根据该理论，应当把企业看成是各种自利的人的集合。一个公司涉及的利益关系人包括普通股东、优先股东、债券持有者、银行、短期债权人、政府、社会公众、经理人员、员工、客户、供应商、社区等。这些人或集团都是按自利行为原则行事的。企业和各种利益关系人之间的关系，大部分属于委托代理关系。这种相互依赖又相互冲突的利益关系，需要通过"契约"来协调。因此，委托代理理论是以自利行为原则为基础的。

自利行为原则的另一个应用是机会成本的概念。当一个人采取某个行动时，就等于取消了其他可能的行动，因此他必然要用这个行动与其他的可能行动相比，看该行动是否对自己最有利。采用一个方案而放弃另一个方案时，被放弃方案的收益是被采用方案的机会成本，机会成本是决策时必须考虑的相关成本。

2. 双方交易原则的内容

双方交易原则是指每一项交易都至少存在两方，在一方根据自己的经济利益决策时，另一方也会按照自己的经济利益决策行动,并且对方也一样聪明、勤奋和富有创造力,因此在决策时要正确预见对方的反应。

双方交易原则的建立依据是商业交易至少有两方、交易是"零和博弈"以及各方都是自利的。每一项交易都有一个买方和一个卖方,这是不争的事实。无论是买方市场还是卖方市场,在已经成为事实的交易中,买进的资产和卖出的资产总是一样多,一方得到的与另一方失去的一样多,从总体上看双方收益之和等于零,故称为"零和博弈"。在"零和博弈"中,双方都按自利行为原则行事,谁都想获利而不是吃亏。至于为什么还会成交,这与事实上人们的信息不对称有关。买卖双方由于信息不对称,因而对资产产生不同的预期。不同的预期导致了资产买卖,高估资产价值的人买进,低估资产价值的人卖出,直到市场价格达到他们一致的预期时交易停止。

双方交易原则的应用是在进行财务交易时不能"以我为中心",在谋求自身利益的同时,要注意对方的存在以及对方也在遵循自利原则行事。

双方交易原则的另一个应用是在进行财务交易时注意税收的影响。由于税收的存在,主要是利息的税前扣除,使得一些交易表现为"非零和博弈"。政府是不请自来的交易第三方,凡是交易政府都要从中收取税金。减少政府的税收,交易双方都可以受益。避税就是寻求减少政府税收的合法交易形式。避税的结果使交易双方受益,但其他纳税人会承担更大的税收份额,从更大范围来看并没有改变"零和博弈"的性质。

3. 信号传递原则的内容

信号传递原则,是指行动可以传递信息,并且比公司的声明更有说服力。

信号传递原则是自利行为原则的延伸。由于人们或公司是遵循自利行为原则的,所以一项资产的买进能暗示出该资产"物有所值",买进的行为提供了有关决策者对未来的预期或计划的信息。

信号传递原则的应用是根据公司的行为判断它未来的收益状况。例如,一个经常用配股的办法向股东要钱的公司,很可能自身产生现金能力较差;一个大量购买国库券的公司,很可能缺少净现值为正数的投资机会;内部持股人出售股份,常常是公司盈利能力恶化的重要信号。特别是在公司的宣告(包括它的财务报表)与其行动不一致时,行动通常比语言更具说服力。这就是通常所说的,"不但要听其言,更要观其行"。

信号传递原则的另一个应用是公司在决策时不仅要考虑行动方案本身,还要考虑该项行动可能给人们传达的信息。在资本市场上,每个人都在利用他人交易的信息,自己交易的信息也会被别人所利用,因此应考虑交易的信息效应。例如,当把一件商品的价格降至难以置信的程度时,人们就会认为它的质量不好,它本来就不值钱。在决定降价时,不仅要考虑决策本身的收益和成本,还要考虑信息效应的收益和成本。

4. 引导原则的内容

引导原则是指当所有办法都失败时，寻找一个可以信赖的榜样作为自己的引导。所谓"当所有办法都失败"，是指人们的理解力存在局限性，不知道如何做对自己更有利；或者寻找最准确答案的成本过高以至于不值得把问题完全搞清楚。在这种情况下，不要继续坚持采用正式的决策分析程序，包括收集信息、建立备选方案、采用模型评价方案等，而是直接模仿成功榜样或者大多数人的做法。引导原则是行动传递信号原则的一种运用。承认行动传递信号，就必然承认引导原则。

不要把引导原则混同于"盲目模仿"。它只在两种情况下适用：其一是理解存在局限性，认识能力有限，找不到最优的解决办法；其二是寻找最优方案的成本过高。在这种情况下，跟随值得信任的人或者大多数人才是有利的。

引导原则的一个重要应用，是行业标准概念。例如，资本结构的选择问题，理论不能提供公司最优资本结构的实用化模型。观察本行业成功企业的资本结构，或者多数企业的资本结构，不要与它们的水平偏离太远，就成了资本结构决策的一种简便、有效的方法。

引导原则的另一个重要应用就是"免费跟庄"概念。一个"领头人"花费资源得出一个最佳的行动方案，其他"追随者"通过模仿节约了信息处理成本。有时领头人甚至成了"革命烈士"，而追随者却成了"成功人士"。《中华人民共和国专利法》和《中华人民共和国著作权法》是在知识产权领域中保护领头人的法律，强制追随者向领头人付费，以避免"自由跟庄"问题的影响。在财务领域中并不存在这种限制。许多小股民经常跟随"庄家"或机构投资者，以节约信息成本。当然，"庄家"也会利用免费跟庄现象，进行恶意炒作，损害小股民的利益。因此，各国的证券监管机构都禁止操纵股价的恶意炒作，以维持证券市场的公平性。

（二）创造价值的原则

创造价值的原则，是人们对增加企业财富基本规律的认识。

1. 有价值的创意原则的内容

有价值的创意原则，是指新创意能获得额外报酬。

竞争理论认为，企业的竞争优势可以分为经营奇异和成本领先两方面。经营奇异，是指产品本身、销售交货、营销渠道等客户广泛重视的方面在产业内独树一帜。任何独树一帜都来源于新的创意。创造和保持经营奇异性的企业，如果其产品溢价超过了为产品的独特性而附加的成本，它就能获得高于平均水平的利润。正是许多新产品的发明，使得发明人和生产企业变得非常富有。

有价值的创意原则主要应用于直接投资项目。一个项目取得正的净现值，它必须是一个有创意的投资项目。重复过去的投资项目或者别人的已有做法，最多只能取得平均的报酬率。新的创意迟早要被别人效仿，失去原有的优势，因此创新的优势都是暂时的。企业长期的竞争优势，只有通过一系列的短期优势才能维持。只有不断创新，才能维持经营的奇异性并不断增加股东财富。

该项原则还应用于经营和销售活动。例如，连锁经营方式的创意使得麦当劳的投资人变得非常富有。

2. 比较优势原则的内容

比较优势原则是指专长能创造价值。在市场上要想赚钱必须发挥专长。没有比较优势的人，很难取得超出平均水平的收入；没有比较优势的企业，很难增加企业价值。

比较优势原则的依据是分工理论。让每一个人去做最适合他做的工作，让每一个企业生产最适合它生产的产品，社会的经济效率才会提高。

（1）比较优势原则是"人尽其才、物尽其用"。在有效的市场中，不必要求自己什么都能做得最好，但要知道谁能做得最好。对于某一件事情，如果有人比自己做得更好，就支付报酬让他去做。同时，自己去做比别人做得更好的事情，让别人给自己支付报酬。如果每个人都去做能够做得最好的事情，每项工作就找到了最称职的人，就会产生经济效率。每个企业要做自己能做得最好的事情，一个国家的效率就提高了。国际贸易的基础，就是每个国家生产它最能有效生产的产品和劳务，这样可以使每个国家都受益。

（2）比较优势原则是优势互补。合资、合并、收购等，都是出于优势互补原则。一方有某种优势，如独特的生产技术，另一方有其他优势，如杰出的销售网络，两者结合可以使各自的优势快速融合，并形成新的优势。

比较优势原则要求企业把主要精力放在自己的比较优势上，而不是日常的运行上。建立和维持自己的比较优势，是企业长期获利的根本。

3. 期权原则的内容

期权是指不附带义务的权利，它是有经济价值的。期权原则是指在估价时要考虑期权的价值。

期权概念最初产生于金融期权交易，它是指所有者（期权购买人）能够要求出票人（期权出售者）履行期权合同上载明的交易，而出票人不能要求所有者去做任何事情。在财务上，一个明确的期权合约经常是指按照预先约定的价格买卖一项资产的权利。

广义的期权不限于财务合约，任何不附带义务的权利都属于期权。许多资产都存在隐含的期权。例如，一个企业可以决定某个资产出售或者不出售，如果价格不令人满意就什么事也不做，如果价格令人满意就出售，这种选择权是广泛存在的。一个投资项目，本来预期有正的净现值，因此被采纳并实施了，上马以后发现它并没有原来设想的效果。此时，决策人不会让事情按原计划一直发展下去，而会决定方案下马或者修改方案使损失减少到最低。这种后续的选择权是有价值的，它增加了项目的净现值。在评价项目时就应考虑到后续选择权是否存在以及它的价值有多大。有时一项资产附带的期权比该资产本身更有价值。

4. 净增效益原则的内容

净增效益原则是指财务决策建立在净增效益的基础上，一项决策的价值取决于它和替代方案相比所增加的净收益。

一项决策的优劣是与其他可替代方案（包括维持现状而不采取行动）相比较而言的。如果一个方案的净收益大于替代方案，它就是一个比替代方案好的决策，其价值是增加的净收益。在财务决策中净收益通常用现金流量计量，一个方案的净收益是指该方案现金流入减去现金流出的差额，也称为现金流量净额。一个方案的现金流入是指该方案引起的现金流入量的增加额；一个方案的现金流出是指该方案引起的现金流出量的增加额。"方案引起的增加额"，是指这些现金流量依存于特定方案，如果不采纳该方案就不会发生这些现金流入和流出。

（1）净增效益原则的差额分析法，也就是在分析投资方案时只分析它们有区别的部分，而省略其相同的部分。净增效益原则初看似乎很容易理解，但实际贯彻起来需要非常清醒的头脑，需要周密的考察方案对企业现金流量总额的直接和间接影响。例如，一项新产品投产的决策引起的现金流量，不仅包括新设备投资，还包括动用企业现有非货币资源对现金流量的影响；不仅包括固定资产投资，还包括需要追加的营运资金；不仅包括新产品的销售收入，还包括对现有产品销售积极或消极的影响；不仅包括产品直接引起的现金流入和流出，还包括对公司税务负担的影响等。

（2）净增效益原则的沉没成本概念。沉没成本是指已经发生、不会被以后的决策改变的成本。沉没成本与将要采纳的决策无关，因此在分析决策方案时应将其排除。

（三）财务交易的原则

有关财务交易的原则，是人们对于财务交易基本规律的认识。

1. 风险与报酬权衡原则的内容

风险-报酬权衡原则是指风险和报酬之间存在一个对等关系，投资人必须对报酬和风险做出权衡，为追求较高报酬而承担较大风险，或者为减少风险而接受较低的报酬。所谓"对等关系"，是指高收益的投资机会必然伴随巨大风险，风险小的投资机会必然只有较低的收益。

在财务交易中，当其他一切条件相同时人们倾向于高报酬和低风险。如果两个投资机会除了报酬不同以外，其他条件（包括风险）都相同人们会选择报酬较高的投资机会，这是自利行为原则所决定的。如果两个投资机会除了风险不同以外，其他条件（包括报酬）都相同，人们会选择风险小的投资机会，这是风险反感决定的。所谓"风险反感"是指人们普遍对风险有反感，认为风险是不利的事情。

如果人们都倾向于高报酬和低风险，而且都在按照他们自己的经济利益行事，那么竞争结果就产生了风险和报酬之间的权衡。不可能在低风险的同时获取高报酬，因为这是每个人都想得到的。即使最先发现了这样的机会并率先行动，别人也会迅速跟进，竞争会使报酬率降至与风险相当的水平。因此，现实的市场中只有高风险同时高报酬和低风险同时低报酬的投资机会。

如果想有一个获得巨大收益的机会，就必须冒可能遭受巨大损失的风险，每一个市场参与者都在他的风险和报酬之间作权衡。有的人偏好高风险、高报酬，有的人偏好低风险、低报酬，但是每个人都要求风险与报酬对等，不会去冒没有价值的风险。

2. 投资分散化原则的内容

投资分散化原则，是指不要把全部财富投资于一个公司，而要分散投资。

投资分散化原则的理论依据是投资组合理论。马克维茨的投资组合理论认为，若干种股票组成的投资组合，其收益是这些股票收益的加权平均数，但其风险要小于这些股票的加权平均风险，所以投资组合能降低风险。[①]

如果一个人把他的全部财富投资于一个公司，这个公司破产了，他就失去了全部财富。如果他投资于10个公司，只有10个公司全部破产，他才会失去全部财富。10个公司全部破产的概率，比一个公司破产的概率要小得多，所以投资分散化可以降低风险。[②]

分散化原则具有普遍意义，不仅仅适用于证券投资，公司各项决策都应注意分散化原则。不应当把公司的全部投资集中于个别项目、个别产品和个别行业；不应当把销售集中于少数客户；不应当使资源供应集中于个别供应商；重要的事情不要依赖一个人完成；重要的决策不要由一个人做出。凡是有风险的事项，都要贯彻分散化原则，以降低风险。

3. 信任市场原则的内容

信任市场原则的理论依据是资本市场有效假设。资本市场有效是指在资本市场上频繁交易的金融资产的市场价格反映了所有可获得的信息，而且面对新信息完全能迅速地做出调整。

信任市场原则就是信任资本市场的有效性。资本市场是企业的一面镜子，又是企业行

---

① 刘春化，刘静中. 财务管理（第四版）[M]. 大连：大连出版社，2017.
② 丁春慧，易伦. 财务管理 [M]. 南京：南京大学出版社，2015.

为的校正器。股价可以综合反映公司的业绩,弄虚作假、人为地改变会计方法对于企业价值的提高毫无用处。一些公司把巨大的精力和智慧放在报告信息的操纵上,通过"创造性会计处理"来提高报告利润,企图用财务报表向使用人制造幻觉,这在有效市场中是无济于事的。用资产置换、关联交易操纵利润,只能得逞于一时,最终会付出代价,甚至导致公司破产。市场对公司的评价降低时,应分析公司的行为是否出了问题并设法改进,而不应设法欺骗市场。妄图欺骗市场的人,最终会被市场抛弃。

信任市场是有效的,必须慎重使用金融工具。如果资本市场是有效的,购买或出售金融工具的交易的净现值就为零。公司作为从资本市场上取得资金的一方,很难通过筹资获取正的净现值。公司的生产经营性投资带来的竞争,是在少数公司之间展开的,竞争不充分。一个公司因为它有专利权、专有技术、良好的商誉、较大的市场份额等相对优势,可以在某些直接投资中取得正的净现值。资本市场与商品市场不同,其竞争程度高、交易规模大、交易费用低、资产具有同质性,使得其有效性比商品市场要高得多。所有需要资本的公司都在寻找资本成本低的资金来源。机会均等的竞争,使财务交易基本上是公平交易。在资本市场上,只获得与投资风险相称的报酬,也就是与资本成本相同的报酬,很难增加企业价值。

4. 货币时间价值原则的内容

货币时间价值原则,是指在进行财务计量时要考虑货币时间价值因素。"货币的时间价值"是指货币在经过一定时间的投资和再投资所增加的价值。

货币具有时间价值的依据是货币投入市场后其数额会随着时间的延续而不断增加。这是一种普遍的客观经济现象。

(1) 货币时间价值原则的现值概念。由于现在的1元货币比将来的1元货币经济价值大,不同时间的货币价值不能直接加减运算,需要进行折算。通常,要把不同时间的货币价值折算到"现在"时点,然后进行运算或比较。把不同时点的货币折算为"现在"时点的过程,称为"折现",折现使用的百分率称为"折现率",折现后的价值称为"现值"。财务估价中,广泛使用现值计量资产的价值。

(2) 货币时间价值的"早收晚付"观念。对于不附带利息的货币收支,与其晚收不如早收,与其早付不如晚付。货币在自己手上,可以立即用于消费而不必等待将来消费,可以投资获利而无损于原来的价值,可以用于预料不到的支付,因此早收、晚付在经济上是有利的。

第二章 财务管理环境与组织机构

财务管理的一切活动都是在财务管理环境和一定的组织机构条件下进行的，因此可以说财务管理的环境与组织是财务管理的基础因素。本章重点探讨财务管理环境、财务管理的组织机构、金融市场与金融工具。

第一节 财务管理环境分析

财务管理环境是指对企业财务活动和财务管理产生影响作用的企业内外各种条件和因素的统称，财务管理活动总是在一定的环境下进行的。企业财务管理工作作为一项重要的、高层次的企业管理工作，必须对企业所面临的财务管理环境有一个清楚的了解，否则，可能会导致企业经营决策的重大失误，甚至会使企业财务工作寸步难行。

按照财务管理环境的范围，可以分为企业内部财务管理环境和企业外部财务管理环境两类。企业内部财务管理环境是指各财务个体内部的财务管理环境，主要包括企业的组织形式、执行的制度、经济结构及管理基础等条件和因素。企业外部财务管理环境是指处于财务个体之外直接或间接影响企业财务管理活动的各种条件和因素的总和。按照财务管理所处环境的性质，可以分为政治环境、经济环境、金融环境和法律环境等。

一、财务管理的政治环境

政治环境是指国家法治、社会制度、政治形势、方针政策等条件和因素的统称。政治环境是企业财务管理的大环境，它具有引导性、超经济性和强制性的特点，从整体上影响着企业财务管理活动的策划和进行。企业要认真学习有关方针政策，预测其未来发展的趋势，以便及时把握有利时机，在保证国家宏观调控目标实现的前提下，为企业自身创造有利的发展环境。

二、财务管理的经济环境

经济环境是指影响企业财务管理的各种经济因素，如经济周期、经济发展水平、通货膨胀状况、政府的经济政策等。在影响财务管理的各种外部环境中，经济环境是最为重要的。

1. 经济周期

市场经济条件下，经济发展与运行带有一定的波动性。大体上经历复苏、繁荣、衰退和萧条几个阶段的循环，这种循环叫作经济周期。在不同的经济周期，企业应采用不同的财务管理战略。

2. 经济发展水平

财务管理的发展水平是和经济发展水平密切相关的，经济发展水平越高，财务管理水平也越好。财务管理水平的提高，将推动企业降低成本，改进效率，提高效益，从而促进经济发展水平的提高；而经济发展水平的提高，将改变企业的财务战略、财务理念、财务管理模式和财务管理的方法手段，从而促进企业财务管理水平的提高。财务管理应当以经济发展水平为基础，以宏观经济发展目标为导向，从业务工作角度保证企业经营目标和经营战略的实现。

3. 宏观经济政策

一个国家的经济政策，如国家的产业政策、财税政策、金融政策、外汇政策、外贸政策、货币政策等，对企业的财务管理活动都有重要影响。如金融政策中的货币发行量、信贷规模会影响企业投资的资金来源和投资的预期收益，财税政策会影响企业的资金结构和投资项目的选择等，价格政策会影响资金的投向和投资的回收期及预期收益，会计制度的改革会影响会计要素的确认和计量，进而对企业财务活动的事前预测、决策及事后的评价产生影响，等等。[1]

4. 通货膨胀水平

通货膨胀对企业财务活动的影响是多方面的。主要表现在：①引起资金占用的大量增加，从而增加企业的资金需求；②引起企业利润虚增，造成企业资金由于利润分配而流失；③引起利润上升，加大企业的权益资金成本；④引起有价证券价格下降，增加企业的筹资难度；⑤引起资金供应紧张，增加企业的筹资困难。

为了减轻通货膨胀对企业造成的不利影响，企业应当采取措施予以防范。在通货膨胀初期，货币面临着贬值的风险，这时企业进行投资可以避免风险，实现资本保值；与客户应签订长期购货合同，以减少物价上涨造成的损失；取得长期负债，保持资本成本的稳定。在通货膨胀持续期，企业可以采用比较严格的信用条件，减少企业债权；调整财务政策，防止和减少企业资本流失，等等。

---

[1] 丁春慧，易伦. 财务管理［M］. 南京：南京大学出版社，2015.

三、财务管理的金融环境

金融环境是企业财务管理最主要的环境因素。财务管理的金融环境主要包括金融机构、金融工具、金融市场和利率四个方面。

1. 金融机构

金融机构包括银行金融机构和非银行金融机构两部分。银行金融机构主要包括中国人民银行、各种商业银行以及政策性银行等。非银行金融机构包括金融资产管理公司、信托投资公司、财务公司和金融租赁公司等。

2. 金融工具

金融工具是指在信用活动中产生的、能够证明债权债务关系并据以进行货币资金交易的合法凭证，它对于债权债务双方所应承担的义务与享有的权利均具有法律效力。金融工具一般具有期限性、流动性、风险性和收益性四个基本特征。金融工具按其期限，可分为货币市场工具和资本市场工具两类。货币市场工具主要包括商业票据、国库券（国债）、可转让大额定期存单、回购协议等；资本市场工具主要包括股票和债券等。

3. 金融市场

金融市场是由个人、组织机构以及把资金需求者和供给者联系在一起的金融工具和程序所组成的一个系统。任何需要货币和提供货币的个人和组织都能在金融市场这个系统中进行交易。与那些实物产品交易市场（如农产品、设备、物资、汽车等市场）不同，金融市场交易的对象是股票、债券、抵押品和其他能在未来产生现金流量的实物资产要求权，交易活动包括货币的借贷、外汇的买卖、证券的发行与流通、黄金价格的确定与买卖等。

金融市场可以按照不同的标准进行分类。

第一，货币市场和资本市场。以期限为标准，金融市场可分为货币市场和资本市场。货币市场又称短期金融市场，是指以期限在1年以内的金融工具为媒介，进行短期资金融通的市场，包括同业拆借市场、票据市场、大额定期存单市场和短期债券市场。货币市场的主要功能是调节短期资金融通。其主要特点是：①期限短。一般为3~6个月，最长不超过1年。②交易目的是解决短期资金周转。它的资金来源主要是资金所有者暂时闲置的资金，融通资金的用途一般是弥补短期资金的不足。③金融工具有较强的"货币性"，具有流动性强、价格平稳、风险较小等特性。[①]

资本市场又称长期金融市场，是指以期限在1年以上的金融工具为媒介，进行长期资金交易活动的市场，包括股票市场和债券市场。资本市场的主要功能是实现长期资本融

---

① 严碧容，方明. 财务管理学 [M]. 杭州：浙江大学出版社，2016.

通。其主要特点是：①融资期限长。至少1年以上，最长可达10年甚至10年以上。②融资目的是解决长期投资性资本的需要，用于补充长期资本，扩大生产能力。③资本借贷量大。④收益较高但风险也较大。

第二，发行市场和流通市场。以功能为标准，金融市场可分为发行市场和流通市场。发行市场又称为一级市场，它主要处理金融工具的发行与最初购买者之间的交易；流通市场又称为二级市场，它主要处理现有金融工具转让和变现的交易。

第三，资本市场、外汇市场和黄金市场。以融资对象为标准，金融市场可分为资本市场、外汇市场和黄金市场。资本市场以货币和资本为交易对象，外汇市场以各种外汇金融工具为交易对象，黄金市场则是集中进行黄金买卖和金币兑换的交易市场。

第四，基础性金融市场和金融衍生品市场。按所交易金融工具的属性，金融市场可分为基础性金融市场与金融衍生品市场。基础性金融市场是指以基础性金融产品为交易对象的金融市场，如商业票据、企业债券、企业股票的交易市场；金融衍生品交易市场是指以金融衍生品为交易对象的金融市场，如远期、期货、掉期（交换）、期权，以及具有远期、期货、掉期（交换）、期权中一种或多种特征的结构化金融工具的交易市场。

第五，地方性金融市场、全国性金融市场和国际性金融市场。以地理范围为标准，金融市场可分为地方性金融市场、全国性金融市场和国际性金融市场。

4. 利率

利率也称利息率，是利息占本金的百分比。从资金的借贷关系看，利率是一定时期运用资金资源的交易价格。如同任何商品的价格是由供应和需求两方面来决定一样，利率主要由资金的供给和需求来决定。特殊的是，除此之外，经济周期、通货膨胀、国家货币政策和财政政策、国际经济政治关系、国家利率管制程度等，对利率的变动都有不同程度的影响。利率通常由三部分组成：纯利率、通货膨胀补偿率（或称通货膨胀贴水）和风险收益率。这样，利率的一般计算公式如下：

利率＝纯利率+通货膨胀补偿率+风险收益率

首先，纯利率，是指没有风险和通货膨胀情况下的均衡利率。影响纯利率的基本因素是资金供应量和需求量，因而纯利率不是一成不变的，它随资金供求的变化而不断变化。精确测定纯利率是非常困难的，在实际工作中，通常以无通货膨胀情况下无风险证券利率来代表纯利率。

其次，通货膨胀补偿率，是指由于通货膨胀会降低货币的实际购买力，为弥补其购买力损失而在纯利率的基础上加上通货膨胀补偿率。资金的供应者在通货膨胀的情况下，必然要求提高利率以补偿其购买力损失，所以无风险证券的利率，除纯利率之外还应加上通货膨胀因素，以补偿通货膨胀所遭受的损失。例如，政府发行的短期无风险证券（如国库券）的利率就是由这两部分内容组成的。其表达式为：

短期无风险证券利率=纯利率+通货膨胀补偿率

最后，风险收益率，包括违约风险收益率、流动性风险收益率和期限风险收益率等。其中，违约风险收益率是指为了弥补因债务人无法按时还本付息而带来的风险，由债权人要求提高的利率；流动性风险收益率是指为了弥补因债务人资产流动性不好而带来的风险，由债权人要求提高的利率；期限风险收益率是指为了弥补因偿债期长而带来的风险，由债权人要求提高的利率。

四、财务管理的法律环境

国家管理经济活动和经济关系的手段包括行政手段、经济手段和法律手段三种。市场经济是法制经济，企业的一切经济活动总是在一定法律规定的范围内进行的。法律既对企业的经济行为进行约束，也为企业从事各种合法经济活动提供保护。法律环境主要包括企业组织法规、税务法规、财务会计法规等，是指企业所处社会的法制建设及其完善程度。企业和外部发生经济关系时必须遵守这些法律、法规和规章制度。它们通过规范市场经济主体而使市场经济的微观基础得以规范化。法律在市场经济中的重大作用表现在：维护市场主体的平等地位、意志自由和正当权益，规范市场主体的行为和企业所有者、债权人和经营者的权利和义务，维护社会经济秩序，国家的各项方针政策得到贯彻实施。

企业财务管理中应遵循的法律法规主要包括：

（1）企业组织法。企业是市场经济的主体，不同组织形式的企业所适用的法律不同。按照国际惯例，企业划分为独资企业、合伙企业和公司制企业，各国均有相应的法律来规范这三类企业的行为，因此不同组织形式的企业在进行财务管理时，必须熟悉其企业组织形式对财务管理的影响，从而做出相应的财务决策。

（2）税收法规。税法是税收法律制度的总称，是调整税收征纳关系的法规规范。与企业相关的税种主要有以下五种：

所得税类：包括企业所得税、个人所得税。

流转税类：包括增值税、消费税、营业税、城市维护建设税。

资源税类：包括资源税、土地使用税、土地增值税。

财产税类：财产税。

行为税类：印花税、车船使用税、屠宰税。

（3）财务法规。企业财务法规制度是规范企业财务活动，协调企业财务关系的法令文件。我国目前企业财务管理法规制度有企业财务通则、行业财务制度和企业内部财务制度三个层次。

（4）其他法规。如《证券交易法》《票据法》《银行法》等。从整体上说，法律环境对企业财务管理的影响和制约主要表现在以下方面：

在筹资活动中，国家通过法律规定了筹资的前提条件和基本程序，如《公司法》就对公司发行债券和股票的条件做出了严格的规定。

在投资活动中，国家通过法律规定了投资的方式和条件，如《公司法》规定股份公司的发起人可以用货币资金出资，也可以用实物、工业产权、非专利技术、土地使用权作价出资，规定了投资的基本程序、投资方向和投资者的出资期限及违约责任，如企业进行证券投资必须按照《证券法》所规定的程序来进行，企业投资必须符合国家的产业政策，符合公平竞争的原则。

在分配活动中，国家通过法律如《税法》《公司法》《企业财务通则》及《企业财务制度》规定了企业成本开支的范围和标准，企业应缴纳的税种及计算方法，利润分配的前提条件、利润分配的去向、一般程序及重大比例。[①] 在生产经营活动中，国家规定的各项法律也会引起财务安排的变动或者说在财务活动中必须予以考虑。

第二节 财务管理的组织机构

一、财务管理机构的类型划分

不同的机构由于其自身的特点、目标、职能等不同，其财务组织机构与职责也各不相同。下面将按一般工商企业、金融机构和其他组织三类机构分别阐述其财务组织机构与职责。

（一）一般工商企业中的财务组织机构设置

财务管理组织机构和人员是实施财务管理活动的主体。因此，财务管理组织机构的设置以及人员配备是财务管理的基础工作。企业财务管理组织机构的设置应综合考虑企业的经营性质与规模、行业特点、业务类型以及企业总体组织形式等多方面因素，机构内部的设置要体现分工明确、职权到位、责任清晰的要求，以保证企业财务工作顺利进行。小企业的财务机构和会计机构可以设在一起，财务人员兼做会计业务。对于规模较大的企业来说，二者应当分开设置，即分别设置财务部和会计部。财务机构负责组织财务活动和处理

[①] 章萍，鲍长生. 财务管理 [M]. 上海：上海社会科学院出版社，2015.

财务关系，会计机构负责会计核算与报告财务信息。

财务机构和岗位设置应当符合分级和归口管理原则。分级管理是指在企业组织内部从上到下顺序分解职责和权力的管理制度。企业根据自身的特点优化配置机构和人力资源，形成科学、合理的管理层面，自上而下，层次尽可能要少，以减少管理环节，对内提高工作效率，对外贴近市场，以形成灵活、快速的市场反应能力。归口管理是指业务活动在企业组织内同一层级的不同部门以及同一部门的不同岗位和员工之间进行分派，明确责任，便于执行和考核。

财务机构和岗位设置应当符合内部控制的基本原则。例如，岗位设置要符合职务分离原则。也就是说，同一业务过程需要由不同的人员共同执行、相互监督。尽量避免由同一个人独自负责同一业务的全过程，尤其是款项的收付与记账必须分别由不同的人执行，经营方案的提出、审批、责任考核要由不同的人员分别执行。[1]

为了组织和实施财务管理工作，企业需要设置财务部和会计部两个部门，分别负责财务管理工作和会计信息处理工作。

（1）财务部的主要职责是组织财务活动和处理财务关系，即负责资本筹集、资本运用、财务运营、收益分配等财务活动的计划与实施，以及协调和维护企业与股东、债权人、被投资企业、债务人企业、供应商、客户、政府税务部门等之间的关系，通过计划、组织、控制以及激励等环节实现财务管理活动的目标，促进企业提高经营效率，实现资本的保值和增值。在设计财务部门的组织机构时，企业通常会根据具体情况，将相对重要的职能进行相应的拆分——有的由不同部门行使不同的职能，有的由同一部门行使所有的职能。为了实现这些职能，财务部要设置相应的下属机构分别负责筹资、投资、运营、分配等活动的决策、计划、组织、控制、分析、考核以及战略规划等财务管理工作。

（2）会计部的主要职责是通过确认业务、填制会计凭证、过账、结账、编制会计报表等活动收集、处理和报告财务会计信息及管理会计信息，通过对账和盘存等活动保障企业财产物资的安全和完整，保证企业经营活动的合法性和合规性，通过制定合理的税务政策和税务程序合法避税，降低企业的税负。为了实现这些职能，会计部也要设置相应的下属机构，分别负责信息与电子数据的处理、财务会计信息的归集与报告、税务会计业务和货币资金管理等。

一般工商企业中的财务组织机构设置如图2-1所示。[2] 规模较小的企业，其财务组织机构也可以相应简化。

---

[1] 刘春化，刘静中. 财务管理（第四版）[M]. 大连：大连出版社，2017.
[2] 图片引自张建伟，盛振江. 现代企业管理[M]. 北京：人民邮电大学出版社，2011.

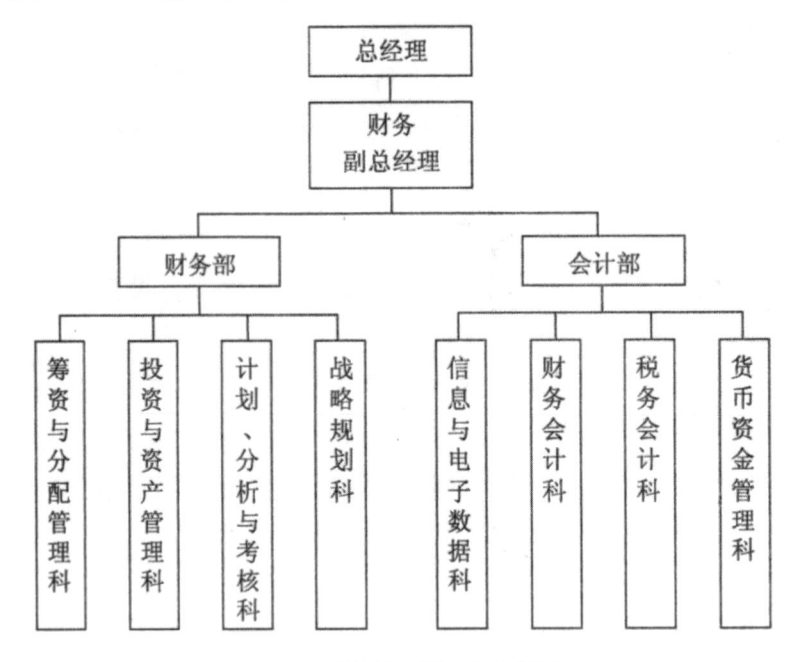

```
                    总经理
                      │
                   财务副总经理
                      │
           ┌──────────┴──────────┐
          财务部                会计部
           │                     │
    ┌──┬──┼──┐            ┌──┬──┼──┐
   筹  投  计  战          信  财  税  货
   资  资  划  略          息  务  务  币
   与  与  、  规          与  会  会  资
   分  资  分  划          电  计  计  金
   配  产  析  科          子  科  科  管
   管  管  与                数              理
   理  理  考                据              科
   科  科  核                科
           科
```

图 2-1 财务管理的组织机构图

（二）金融机构中的财务组织机构设置

金融机构是指从事金融服务业有关的金融中介机构，为金融体系的一部分。金融服务业包括银行和非银行金融机构。非银行金融机构包括证券、保险、信托、基金等。随着金融业的发展以及金融业自身的行业特点，财务人员在金融业中占据着越来越重要的地位。

金融机构作为特殊的企业，其经营内容、风险和影响程度与一般企业是不同的。因此，金融机构中的财务组织与一般的工商企业有一定的区别。金融机构本身的经营对象为金融资产，因而在其业务中也涉及大量的财务知识，而一般工商企业的核心业务涉及的是实物资产，导致财务组织的不同。金融机构中的财务组织与整个企业的组织结构密切相关，因为金融机构除了本身作为一个组织实体有其财务和会计的工作要求外，其业务过程中涉及的财务知识也要求财务人员渗透到各个具体岗位。

（三）其他组织中的财务机构设置

其他组织主要是指政府与非营利组织。这些组织是不以营利为目的的组织，但其正常运行中也需要进行各种财务活动，也需要设置一定的财务组织。

（1）政府机构中的财务组织主要是指各级政府下属的，负责进行财政预算编制与实施，管理财政资金收支，管理国库，并向所属政府机构提供财政预算执行情况报告的各级财政机关。另外，各级税务机关、海关和中央银行也是政府机构中的财务组织，履行与税收和货币相关的职能。

（2）非营利组织主要是指一些不以营利为目的的公益性组织。这类组织最大的特点是"非营利"性，因此不存在营利组织中的所有者权益问题。非营利性组织有其不同于一般营利性组织的财务特征，顾客并不是其资金的主要来源，也不存在利润指标。非营利组织财务管理在资金管理上的作用主要体现在两个方面：①有助于降低动作的成本，提高组织动作效率，使有限的动作资金发挥最大的社会效用；②有助于非营利组织对外树立形象，提高组织公众信度，使组织的筹资管理更顺利有效。非营利性组织与营利性组织在组织和管理方面也有一些相似之处，在建立财务组织的时候也可以适当参考一般营利组织的财务组织形式。

二、财务管理机构的职责

（一）一般工商企业中财务机构的工作职责

鉴于本书主要讲述财务管理相关内容，故这一部分仅就财务部相关的岗位与职责进行论述，而不涉及会计部的相关岗位与职责。财务部应设置财务部经理、筹资管理员、投资管理员、分配管理员、存货管理员、成本分析员、销售与信用分析员、预算管理员、财务分析员、工资考核员以及战略管理员等岗位，分别负责相应的财务管理工作。

（1）财务部经理具体负责协调和管理财务部的工作，主持公司财务预决算、财务核算、会计监督和财务管理工作；组织协调、指导监督财务部的日常管理工作，监督执行财务计划，完成公司财务目标。财务部经理自身要有良好的专业素养，丰富的工作经验，熟悉各种财务相关知识，具有良好的职业道德。

（2）筹资管理岗的主要职责是根据企业的生产经营、对外投资和调整资本结构的需要，通过筹资渠道和资本市场，运用适当的筹资方式，经济有效地筹集企业所需的资本。筹资管理岗应当了解企业自身的特点，熟悉各种筹资方式的特点，以便为企业选择最为适当的资金筹集方式。

（3）投资管理岗主要负责企业投资管理工作，制定投资策略和战略资产配置，为了企业的利益，采取资产组合方式对企业资产进行投资管理。由于投资可以分为金融投资和实物投资，因此，投资管理岗也可以分为金融投资管理岗和实物投资管理岗。前者主要负责金融资产的投资管理，后者则主要负责实物资产的投资管理。

（4）分配管理岗主要负责与企业收益分配相关的管理工作，既包括股利的分配，又包括债务利息的分配，因此其工作与股权筹资和债务筹资过程都具有一定的交叉性。

（5）存货管理岗的主要职责就是对企业的存货进行管理，主要包括存货的信息管理和在此基础上的决策分析，最后进行有效控制，达到存货管理的最终目的，提高经济效益，具体职责包括分析原材料的购买需求并测算相应的资金需求，管理物料和产品存货的余额等。

（6）成本分析岗主要负责企业生产成本的核算和分析。因此，成本分析岗应当对企业的产品生产过程、技术工艺、组成结构等相当熟悉，并熟练地掌握各种成本计算及分析方法，能根据企业自身的特点灵活运用。

（7）销售与信用分析岗的主要职责是根据产品销售情况，拟定和修订企业的信用政策，分析客户的信用，拟订和修订收款方案，使企业更好地利用信用政策来扩大收益。

（8）预算管理岗的主要职责是负责企业全面预算编制中的协调与汇总工作，拟定公司财务预算管理制度，加强预算管理，协助总经理室编制年度经营预算，组织实施全面预算管理，实现年度经营目标。

（9）财务分析岗主要负责企业的财务分析工作，对企业的各项财务指标进行分析，评价企业的财务状况和经营成果，为企业的财务决策提供服务。财务分析岗应当熟悉各项财务指标的计算方法及其意义，具有扎实的财务基础，能对企业的财务状况做出准确的判断。

（10）工资考核岗主要负责对各个部门及个人的绩效进行考核。工资考核岗应该熟悉各种不同的业绩考核评价方法，制定适合公司的考核系统，对业绩做出准确的评价。

（11）战略管理岗主要负责企业的战略管理工作，以及改制、重组、并购等重大事项的分析、规划和决策参谋工作。战略管理岗应当熟悉企业的战略管理程序与方法，熟练掌握战略分析与决策的技巧与方法，熟悉公司的业务，熟悉各种战略方案的内涵。

（二）金融机构中财务机构的工作职责

（1）存款性金融机构。存款性金融机构的核心业务主要有吸收储户存款、发放贷款、现金资产管理，因此主要设置银行业务主管、出纳、外币交易、信贷、信用分析、贷款规划、财务分析、证券投资与交易等岗位。银行业务主管的职责是对业务人员进行管理，负责处理支票，代理顾客结算其他现金项目，改进银行计算机设施及电子网络等。银行主管应该了解及评估客户需求，洞察客户信息，熟悉行业资讯，掌握企业财务知识。与吸收储户存款相关的岗位主要是出纳和外币交易员，负责接受存款、支付现金并向储户传递各种相关信息。与贷款业务相关的岗位主要有信贷员、贷款规划员和信用分析员，负责企业信贷相关的业务，必须对企业的信贷政策相当熟悉。与现金资产业务相关的岗位有财务分析员和证券投资分析员，主要负责现金资产投资分析等业务，必须熟悉各种财务理论，掌握各种分析技术和方法。

（2）证券中介机构。证券中介机构包括证券公司和证券服务机构。证券公司是从事证券承销、证券自营和证券经纪等业务的金融机构。证券服务机构包括证券登记结算公司、证券投资咨询公司、会计师事务所、资产评估机构和信用评级机构等。与证券交易和经纪业务相关的岗位有证券分析员和证券交易员，主要对与证券市场相关的各种因素进行研究和分析，包括对证券市场、证券价值及变动趋势进行分析、预测，并向投资者发布投资价值报告等，根据客户投资指令迅速有效地执行交易，进行风险控制。与证券承销业务相关的岗位主要是投资银行家，专门负责为企业发行股票、债券等。与投资咨询业务相关的岗位有证券分析师、长期规划兼并专家、全球融资和发展专家等，主要负责与投资相关的咨询业务。这些岗位的人员务必具有相当扎实的金融和财务知识，熟悉各种投资专业技术。与服务中介相关的岗位有注册会计师、资产评估师、信用评估人员等。这些岗位的人员主要为企业提供审计、资产评估和信用评估等服务。

（3）保险公司。保险公司是专门从事经营商业保险业务的金融机构。保险公司一般会设有保险代理人和经纪人、核保员、损失理算员、精算师、投资专家等岗位人员。保险代理人和经纪人的主要职责是为公司招揽保险业务，代表公司签署保险合同，因此必须相当熟悉公司的业务流程和业务内容。核保员主要负责承保新业务，检查保单，决定保单业务的接受与否，其在执行业务时常常以个人的经验作为参考，因此需要熟悉各种保险业务、相关风险并有丰富的工作经验。损失理算员就是大家经常听说的理赔员，负责理赔调查相关事宜。精算师主要从事保险费、赔付准备金、分红、保险额、退休金、年金等的计算。工作中需要深厚的数学功底、保险专业知识和丰富的经验。投资专家负责保险公司的财务管理相关工作。由于保险公司的现金流入与流出比一般工商企业更难预测，因此对此岗位的能力要求也更加高。

除上述几种金融机构之外，金融市场上还有许多其他金融机构，如投资基金、金融资产管理公司、信托投资公司、金融租赁公司等。这些金融机构会设基金管理专家、信托专家、信用分析员、融资规划专家等职位。基金管理专家是对向公众募集的资金进行管理的人，需要具有丰富的证券投资经验。他们所具有的专业知识水平是一般投资者所达不到的，而且他们有能力及时获得各种必要的资料和信息，并且在投资决策中采用最先进的证券分析和各种专门方法，从而最大限度地保证投资决策的正确性。信托专家基于委托人的信任为委托人提供多种服务，帮助其进行资金的管理投资等。信用分析员在金融租赁公司中是一个非常重要的职位，负责对公司的信用状况进行分析，需要掌握各种专业知识和分析技术。财务咨询机构和财务公司中的融资规划专家负责帮助企业进行融资分析、评价和选择融资方案。

为了保障金融市场正常有序地运行，需要对金融活动实施监督和管理，因此需要相关的金融监管机构，并形成完整的监管体系。这些机构也有其自身的财务组织形式，具有各种各样的财务人员，负责对金融市场进行监督和管理。

（三）其他组织中财务机构的工作职责

（1）各级财政机关由本级政府领导。财政部是中央财政机关，对国务院负责。政府财政机关通常会设置预算管理员、国库管理员、经济建设管理员、监督检查员等岗位。预算管理员主要负责编制、落实政府机构的预算工作；考核各部门的预算执行情况；指导下一级财政机关的预算管理工作等。国库管理员的职责主要是贯彻落实财政国库管理制度改革工作，办理预算单位用款计划的编制、批复和管理工作等。经济建设管理员主要负责与有关部门合作，共同制定、实施财政基本建设投资政策；负责城市维护建设资金与财务管理等。监督检查员的职责是依法对其他组织执行财税法律、法规和国有资产管理、财务管理情况进行监督检查等。监督检查员应当熟悉相关法律，掌握会计、审计知识与技术。

（2）税务机关主要负责国内的税收管理工作，一般设有税务管理、税收征管、财务管理等岗位。税务管理员是税务机关及其税源管理部门中负责分片、分类管理税源，负有管户责任的工作人员，是随着我国税制变革和经济的发展，由税收专管员演化而来的。税收征管员主要负责组织实施综合性税收征管法律、法规和规章制度并制定综合性税收征管制度和办法；负责税务登记等税收资料的管理；指导个体工商户和集贸市场税收征管；负责税款缓缴、呆账税金、死欠税款核销管理工作等。财务管理员主要负责贯彻执行所辖行政区域税收计划及会计、统计制度，编制税收收入长远规划和近期计划等相关的财务管理工作。

（3）海关是负责进出口税收管理工作的，一般设置通关管理员、关税征收与管理员和商品价格管理员等职位。通关管理员主要负责进出口货物和运输工具的通关管理和业务运行，监控海关作业单证的流转，指导、检查和监督关区审单作业。关税征收与管理员的主要职责是组织实施税收计划，对税收征管工作进行检查、监督和评估，提供相关税收信息等。商品价格管理员的主要职责是对进出口商品价格信息进行跟踪、收集、分析、筛选、整理等，为审价布控和风险布控提供帮助等。

（4）中国人民银行即中央银行，是负责金银、货币和财政金库管理的机构，设有支付结算管理和国库资金管理等岗位。支付结算相关业务的人员负责组织中国人民银行的会计核算工作，组织建设现代化的支付系统，制定相关的支付结算规则等。国库资金管理员负责管理国家金库业务，拟定并组织实施国库资金管理制度，进行日常的核算、反映和监督工作，国库资金管理员必须加强对财政、金融形势的分析、判断，提高国库资金管理、运用、决策水平。

（5）非营利组织涉及的领域非常广泛，如教育、科研、慈善、公共设施等，为社会的发展做出了重大贡献，其财务相关的岗位主要有预算管理、收入管理、支出管理和工资与福利支出管理等。预算管理人员主要负责相关的预算编制实施，对执行情况进行分析，编制内部管理报告等。收入管理人员的职责是对组织的各项收入进行预测、核算和分析等。支出管理人员则负责对各部门的费用支出情况进行预算、监督、核算、分析等。工资与福利支出管理人员的职责是对职工的工资和福利支出进行管理，如编制职工工资册和工资汇总表，发放工资福利，进行相关会计核算工作等。

第三节 金融市场与金融工具

一、金融市场

金融市场是理财环境的一部分。公司的理财环境，是指对公司财务活动产生影响作用的公司外部条件。理财环境是公司决策难以改变的外部约束条件，公司财务决策更多的是适应理财环境的要求和变化，而不是设法改变环境。财务管理环境涉及的范围很广，包括一般宏观环境、行业环境、经营环境和国际商业环境等。这里仅讨论理财环境中的金融市场。

金融市场和普通商品市场类似，也是一种交换商品的场所。金融市场交易的对象是银行存款单、债券、股票、期货等证券。例如，卖方发行债券换取货币，买方用货币换取债券。与普通商品交易的不同之处在于，金融交易大多只是货币资本使用权的转移，而普通商品交易是所有权和使用权的同时转移。

（一）金融市场的类型划分

金融市场种类繁多，每个金融市场服务于不同的交易者，有不同的对象。金融市场可能是一个有形的交易场所，如在某一个建筑物中进行交易；也可以是无形的交易场所，如通过通信网络进行交易。

按照不同的标准，金融市场有不同的分类。下面仅论述与公司投资和筹资关系密切的金融市场类型。

1. 货币市场与资本市场

金融市场可以分为货币市场和资本市场。这两类金融市场的功能不同，所交易的证券期限、利率和风险也不同。

货币市场是短期金融工具交易的市场，交易的证券期限不超过1年。通常情况下，短期债务利率低于长期债务利率，短期利率的波动大于长期利率。货币市场的主要功能是保持金融资产的流动性，以便随时转换为现实的货币。它满足了借款者的短期资金需求，同时为暂时性闲置资金找到出路。货币市场工具包括短期国债（英、美称为国库券）、可转让存单、商业票据和银行承兑汇票等。

资本市场是指期限在1年以上的金融资产交易市场。资本市场包括银行中长期存贷市场和有价证券市场。由于长期融资证券化成为未来发展的一种趋势，因此资本市场也称为证券市场。与货币市场相比，资本市场所交易的证券期限长（超过1年），利率或要求的报酬率较高，风险也较大。资本市场的主要功能是进行长期资本的融通。资本市场的工具包括股票、公司债券、长期政府债券和银行长期贷款等。

2. 债务市场与股权市场

按照证券的不同属性，金融市场分为债务市场和股权市场。

债务市场交易的对象是债务凭证，例如公司债券、抵押票据等。债务凭证是一种契约，借款者承诺按期支付利息和偿还本金。债务工具的期限在1年以下的是短期债务工具，期限在1年以上的是长期债务工具。有时也把1~10年的债务工具称为中期债务工具。

股权市场交易的对象是股票。股票是分享一个公司净收入和资产权益的凭证。持有人的权益按照公司总权益的一定份额表示，而没有确定的金额。股票的持有者可以不定期地收取股利，且没有到期期限。

股票持有人与债务工具持有人的索偿权不同。股票持有人是排在最后的权益要求人，公司必须先向债权人进行支付，然后才可以向股票持有人支付。股票持有人可以分享公司盈利和资产价值增长。但股票的收益不固定，而债权人却能按照约定的利率得到固定收益，因此股票风险高于债务工具。

3. 一级市场与二级市场

金融市场按照所交易证券是否初次发行，分为一级市场和二级市场。

一级市场，也称发行市场或初级市场，是资本需求者将证券首次出售给公众时形成的市场。它是新证券和票据等金融工具的买卖市场。该市场的主要经营者是投资银行、经纪人和证券自营商（在中国这三种业务统一于证券公司）。它们承担政府、公司新发行的证券以及承购或分销股票。投资银行通常采用承购包销的方式承销证券，承销期结束后剩余证券由承销人全部自行购入，发行人可以获得预定的全部资金。

二级市场，是在证券发行后，各种证券在不同投资者之间买卖流通所形成的市场，也称流通市场或次级市场。该市场的主要经营者是证券商和经纪人。证券的持有者在需要资金时，可以在二级市场将证券变现。想要投资的人，也可以进入二级市场购买已经上市的证券，出售证券的人获得货币资金，但该证券的发行公司不会得到新的现金。

一级市场和二级市场有密切关系。一级市场是二级市场的基础，没有一级市场就不会有二级市场。二级市场是一级市场存在和发展的重要条件之一。二级市场使得证券更具流动性，正是这种流动性使得证券受到欢迎，投资者才更愿意在一级市场购买。某公司证券在二级市场上的价格，决定了该公司在一级市场上新发行证券的价格。在一级市场上的购买者，只愿意向发行公司支付其认为二级市场将为这种证券所确定的价格。二级市场上证券价格越高，公司在一级市场出售证券价格越高，发行公司筹措的资金越多。因此，与企业理财关系更为密切的是二级市场，而非一级市场。本教材所述及的证券价格，除特别指明外，均指二级市场价格。

4. 场内交易市场与场外交易市场

金融市场按照交易程序分为场内交易市场和场外交易市场。

场内交易市场是指各种证券的交易所。证券交易所有固定的场所、固定的交易时间和规范的交易规则。交易所按拍卖市场的程序进行交易。证券持有人拟出售证券时，可以通过电话或网络终端下达指令，该信息输入交易所撮合主机按价格从低到高排序，低价者优先。拟购买证券的投资人，用同样方法下达指令，按照由高到低排序，高价优先。出价最高的购买人和出价最低的出售者取得一致时成交。证券交易所通过网络形成全国性的证券市场，甚至形成国际化市场。

场外交易市场没有固定场所，由持有证券的交易商分别进行。任何人都可以在交易商的柜台上买卖证券，价格由双方协商形成。这些交易商互相用计算机网络联系，掌握各自开出的价格，竞价充分，与有组织的交易所并无多大差别。场外交易市场包括股票、债券、可转让存单和银行承兑汇票等。

（三）金融市场的主要参与者

金融市场的参与者主要是资本的提供者和需求者，主要包括居民、公司和政府。

（1）居民。居民，包括自然人和家庭，他们是金融市场最众多的资本提供者。资本提供者也称为资本所有者或投资人。居民基于节俭、预防意外的支付或者延迟消费等目的，其支出小于消费，成为社会的储蓄者。他们有时也会成为住宅和汽车等消费贷款的借款人，但在总体上看，居民总是净储蓄者，是金融市场上最众多的资本提供者。

（2）公司。公司是金融市场上最大的资本需求者。资本需求者也称筹资人、金融工具发行人。公司通过发行股票、债券等形式筹集资本，并且在货币市场中筹集短期资本。公司在经营中有时会形成暂时的闲置资本，故会以资本提供者身份出现，将这部分资本投入货币市场。

(3) 政府。政府经常是资本需求者。政府发行财政部债券或地方政府债券来筹资,用于公共基础设施建设、弥补财政赤字,或者进行宏观经济调控。政府有时也会成为资本提供者。在税收集中入库而支付滞后时,会投资于金融市场。

上述资本提供者和需求者,是不以金融交易为主业的主体,参与交易的目的是调节自身的资本余缺。它们之间的金融交易称为直接金融交易,也就是公司或政府在金融市场上直接融通货币资本,其主要方式是发行股票或债券。

此外,还有一类是专门从事金融活动的主体,包括银行、证券公司等金融机构,它们充当金融交易的媒介。资本提供者和需求者,通过金融中介机构实现资本转移的交易称为间接金融交易。

(四) 金融市场的功能

1. 金融市场的主要功能

(1) 资本融通功能。金融市场的基本功能之一是融通资本。它提供一个场所,将资本提供者手中的资本转移给资本需求者。通过这种转移,发挥市场对资源的调配作用,促进提高经济效率,增进社会福利。

(2) 风险分配功能。在转移资本的同时,将实际资产预期现金流的风险重新分配给资本提供者和资本需求者。这是金融市场的另一项基本功能。

例如,某人需要投资100万元建立企业,但是他自己只有20万元,还需要筹资80万元。所需的这80万元,可以进行债务筹资和权益筹资,两者的比例决定了他自己和其他出资人的利益分享与风险分摊比例。例如,向其他人筹集权益资本40万元,债务筹资40万元。如果经营成功,债权人只收取固定利息,净利润他自己分享1/3,其他权益投资人分享2/3。如果亏损,债权人不承担损失,仍然收取固定利息,他自己承担1/3的损失,其他权益投资人承担2/3的损失。如果改变了筹资结构,风险分摊的比例就会改变。因此,筹资的过程同时实现了企业风险的重新分配。

集聚了大量资本的金融机构可以通过多元化分散风险,因此有能力向高风险的公司提供资本。金融机构创造出风险不同的金融工具,可以满足风险偏好不同的资金提供者。因此,金融市场在实现风险分配功能时,金融中介机构是必不可少的。

2. 金融市场的附属功能

金融市场除了以上两项基本功能,还有以下附属功能:

(1) 价格发现功能。金融市场上的买方和卖方的相互作用决定了证券的价格,也就是金融资产要求的报酬率。公司的筹资能力取决于它是否能够达到金融资产要求的报酬率。如果企业盈利能力达不到要求的报酬率,就筹集不到资金。这个竞争形成的价格,引导着资金流向效率高的部门和企业，使其得到发展，而效率差的部门和企业得不到资金，会逐步萎缩甚至退出。竞争的结果，促进了社会稀缺资源的合理配置和有效利用。

金融市场被形容为经济的"气象台"和"晴雨表"。金融市场的活跃程度可以反映经济的繁荣和衰退。每一种证券的价格可以反映发行公司的经营状况和发展前景。金融市场上的交易规模、价格及其变化的信息可以反映政府货币政策和财政政策的效应。金融市场生成并传播大量的经济和金融信息，可以反映一个经济体甚至全球经济的发展和变化。

（2）调节经济功能。金融市场为政府实施宏观经济的间接调控提供了条件。政府可以通过央行实施货币政策对各经济主体的行为加以引导和调节。

政府的货币政策工具主要有三个：公开市场操作、调整贴现率和改变存款准备金率。例如，经济过热时中央银行可以在公开市场出售证券，缩小基础货币，减少货币供应；还可以提高商业银行从央行贷款的贴现率，减少贴现贷款数量，减少货币供应；也可以提高商业银行缴存央行的存款准备金率，商业银行为补足应交准备金就需减少放款，导致货币供应收缩。减少货币供应的结果，利率会提高，投资需求下降，就可以达到抑制经济过热的目的。

但是央行货币政策的基本目的不止一项，通常包括高度就业、经济增长、物价稳定、利率稳定、金融市场稳定和外汇市场稳定等。有时这些目的相互冲突，操作时就会进退维谷。例如，经济上升、失业下降时，往往伴随通货膨胀和利率上升。如果为了防止利率上升，央行购入债券会提高货币供应促使利率下跌，而增大货币供应又会使通货膨胀进一步提升。如果为了防止通货膨胀，放慢货币供应增长，在短期内利率和失业率就可能上升。

因此，这种操控是十分复杂的，需要综合考虑其后果，并逐步试探和修正。

（3）节约信息成本。如果没有金融市场，每一个资本提供者寻找适宜的资本需求者，每一个资本需求者寻找适宜的资本提供者，其信息成本是非常高的。完善的金融市场提供了充分的信息，可以节约寻找投资对象的成本和评估投资价值的成本。

金融市场要想实现其上述功能，需要不断完善市场的构成和机制。理想的金融市场需要两个基本条件：①充分、准确和及时的信息；②市场价格完全由供求关系决定。在现实中，错误的信息和扭曲的价格，会妨害金融市场功能的发挥，甚至可能引发金融市场的危机。

二、金融工具

（一）金融工具的内涵

金融工具（financial instruments）也称信用工具，是用来证明债权债务关系或所有权关系的书面凭证，对交易双方所应承担的义务与享有的权利均具有法律效力。金融工具最基本的要素是支付的金额和支付条件，最重要的特征是能够在市场交易中为其所有者提供即期或远期的货币收益。

在实务中，金融工具也被称为金融产品、金融资产或有价证券。这是因为，金融工具如股票、债券、期货、保单等是在金融市场可以买卖的产品，故称金融产品；在资产的定性和分类中，它们又属于金融资产，故称金融资产；它们是可以证明产权和债权债务关系的法律凭证，故称有价证券。不同类型的金融工具具有不同程度的风险①。

（二）金融工具的主要特征

一般认为，金融工具有以下特征：

（1）期限性。期限性是指金融工具的发行者或债务人按期归还全部本金和利息的特性。金融工具一般都注明期限，债务人到期必须偿还信用凭证上所记载的应偿付的债务。其中，有两种极端情况：一种是银行活期存款随时可以提取，其偿还期为零；另一种是股票或永久性债券，其偿还期是无限的，虽然没有规定偿还的期限，但是金融工具是可以转让的，所以股票或永久性债券的持有者可以通过资本市场转让证券收回投资。因此，对于持有人而言，更具有现实意义的是相对偿还期，即从持有金融工具之日起至金融工具到期日止所经历的时间。例如，某投资者于 2017 年 1 月 1 日购入一张 2017 年 1 月 1 日发行、2026 年 12 月 31 日到期的长期国债，对该投资者来讲，偿还期限为 10 年。

（2）流动性。流动性是指金融工具在必要时迅速转变为现金，其价值不会蒙受损失的能力。金融工具变现越方便、成本越低，流动性就越强；反之，流动性越差。一般来说，金融工具如果具备下述两个特点，就可能具有较高的流动性：①金融工具发行者的资信高，在以往的债务偿还中能及时、全部履行其义务，如国家发行的债券、信誉卓著的公司发行的商业票据等；②债务的偿还期短，在大多数情况下，流动性与偿还期呈反比，即偿还期越短，流动性越小。货币这一金融工具本身就是流动性的体现，零期限的活期存款几乎具有完全的流动性。但是，这也不是绝对的。金融工具的盈利能力也是决定流动性大小的重要因素。一些盈利率高的金融工具，即使偿还期限较长，往往也具有较高的流动性。

（3）风险性。风险性是指购买者投资于金融资产的本金和预期收益遭受损失的可能性。这种风险可能来自两个方面：①债务人不履行约定、不能按时支付利息和偿还本金的风险，这种风险也被称为信用风险，风险的大小主要取决于债务人的信誉和经营状况等。②来自市场的风险，这是金融资产的市场价格随市场利率的上升而跌落的风险。当利率上

---

① 严碧容，方明. 财务管理学［M］. 杭州：浙江大学出版社，2016..

升时，金融资产的市场价格就下跌；当利率下跌时，金融资产的市场价格就上涨。证券的偿还期越长，则其价格受利率变动的影响就越大。

(三) 金融工具的类型划分

金融工具是使一个公司形成金融资产，同时使另一个公司形成金融负债或权益工具的任何合约。金融工具包括债券、股票、外汇、保单等。公司可以借助金融工具进行筹资和投资。

金融工具具有下列基本特征：①期限性：金融工具通常有规定的偿还期限。②流动性：金融工具在必要时迅速转变为现金而不致遭受损失的能力。③风险性：购买金融工具的本金和预定收益存在损失可能性。④收益性：金融工具能够带来价值增值的特性。不同金融工具的具体特征表现不尽相同。譬如，与债券相比，股票没有规定的偿还期限，风险更大。金融工具按其收益性特征可分为以下三类：

(1) 固定收益证券。固定收益证券是指能够提供固定或根据固定公式计算出来的现金流的证券。例如，公司债券的发行人承诺每年向债券持有人支付固定的利息。有些债券的利率是浮动的，但也规定有明确的计算方法。例如，某公司债券规定按国库券利率上浮两个百分点计算并支付利息。固定收益债券是公司筹资的重要形式。固定收益证券的收益与发行人的财务状况相关程度低，除非发行人破产或违约，证券持有人将按规定数额取得收益。

(2) 权益证券。权益证券代表特定公司所有权的份额。发行人事先不对持有者做出支付承诺，收益的多少不确定，要看公司经营的业绩和共同净资产的价值，因此其风险高于固定收益证券。权益证券是公司筹资的最基本形式，任何公司都必须有股权资本。权益证券的收益与发行人的财务状况相关程度高，其持有人非常关心公司的经营状况。

(3) 衍生证券。衍生证券的种类繁多，并不断创新，包括各种形式的金融期权、期货和利率互换合约。由于衍生品的价值依赖于其他证券，因此它既可以用来套期保值，也可以用来投机。衍生证券是公司进行套期保值或者转移风险的工具。根据公司理财的原则，企业不应依靠投机获利。衍生品投机失败导致公司巨大损失甚至破产的案件时有发生。

第三章 财务管理的价值观念风险防范

财务管理作为一项综合的管理工作，在追求企业价值最大化过程中，具有举足轻重的作用。企业要想在社会经济中稳固发展，必须加强财务管理，建立一套适应社会主义经济体系的现代企业财务管理体系。本章重点解析财务管理价值的概念、资金时间价值解读、财务管理的风险与报酬、企业财务风险成因及防范、价值观念在证券估价中的应用。

第一节 财务管理价值的概念

财务管理目标是企业价值最大化，这就需要每一项决策都有助于增加企业价值。为了判断每项决策对企业价值的影响，必须计量价值。为了正确计量价值，必须正确理解财务管理中的价值概念。

价值是人类对于自我发展的本质发现、创造与创新的要素本体，包括任意的物质形态。价值在很多领域有特定的形态，如社会价值、个人价值、经济价值、法律价值等。财务管理中的价值是指经济价值，或称内在价值，是指用适当的折现率计算的资产预期未来现金流量的现值。这里的"资产"可能是股票、债券等金融资产，也可能是一条生产线等实物资产，甚至可能是一个企业。

一、内在价值与账面价值的含义

账面价值是指资产负债表上列示的资产价值。它以交易为基础，主要使用历史成本计量。财务报表上列示的资产，既不包括没有交易基础的资产价值，例如自创商誉、良好的管理等，也不包括资产的预期未来收益，如未实现的收益等。因此，资产的账面价值经常与其市场价值相去甚远，决策的相关性不好。不过，账面价值具有良好的客观性，可以重复验证。虽然会计界引入了现行价值计量，以求改善会计信息的相关性，但是仅限于在市场上交易活跃的资产。这种渐进地、有争议的变化并没有改变历史成本计量的主导地位。如果会计不断扩大现行价值计量的范围，并把表外资产和负债纳入报表，则账面价值将会接近内在价值。但是，如果会计放弃历史成本计量，审计将变得非常困难。

二、内在价值与市场价值的含义

市场价值是指一项资产在交易市场上的价格，它是买卖双方竞价后产生的双方都能接受的价格。内在价值与市场价值有密切关系。如果市场是有效的，即所有资产在任何时候的价格都反映了公开可得的信息，则内在价值与市场价值应当相等。如果市场不是完全有效的，一项资产的内在价值与市场价值会在一段时间里不相等。投资者估计了一种资产的内在价值并与其市场价值进行比较，如果内在价值高于市场价值则认为资产被市场低估了，他会决定买进。投资者购进被低估的资产，会使资产价格上升，回归到资产的内在价值。市场越有效，市场价值向内在价值的回归越迅速。

三、内在价值与清算价值的含义

清算价值是指企业清算时一项资产单独拍卖产生的价格。清算价值以将进行清算为假设情景，而内在价值以继续经营为假设情景，这是两者的主要区别。清算价值是在"迫售"状态下预计的现金流入，由于不一定会找到最需要它的买主，它通常会低于正常交易的价格；而内在价值是在正常交易的状态下预计的现金流入。清算价值的估计，总是针对每一项资产单独进行的，即使涉及多项资产也要分别进行估价；而内在价值的估计，在涉及相互关联的多项资产时，需要从整体上估计其现金流量并进行估价。两者的类似性，在于它们都以未来现金流入为基础。

在财务管理中，价值的估计方法主要是折现现金流量法。

第二节 资金时间价值解读

资金时间价值原理正确地揭示了不同时点上资金之间的换算关系，是财务决策的基本依据。

一、资金时间价值内涵

资金时间价值，也称货币时间价值，是指一定量资金在不同时点上价值量的差异。资金在使用过程中随时间推移发生增值的现象，称为资金具有时间价值的属性。货币资金的本质是资本，资本既有保值的要求，还有内在增值的要求，并将在流转中完成增值的过程。货币资金的时间价值是资金使用者为使用资金所有者提供的资金而必须向其支付的报酬，这也是资金所有者放弃使用所拥有资金的投资机会所要求的最低报酬。货币资金的时间价值，对于借贷来说就是利息，对于投资过程来说就是利润。

（一）资金时间价值的产生

资金有很多用途，但它的两个最基本用途是消费与投资。各年代的各种货币资金，在考虑其使用时，都体现了上述两个固有的用途。尤其重要的是，其作用是在不同时刻（现在与未来）表现出来的，因此必须充分注意到时间上的差异——现在的一元钱与一年后的一元钱在价值上是不等的，两者间的价值差额是由于利息或利润而产生的（这里没有考虑通货膨胀）。

投资是基本的财务活动，也是财务学中最基本的概念。投资本身就包含着现在与未来两方面的含义。企业投资从财务意义上来说，就是为了在未来获得更大的回报而对目前的资金进行的某种安排。显然，未来的回报应当超过现在的投资，正是这种预期的价值增长刺激着企业从事投资活动。这种由于时间差而产生的价值增长就是利润，其最低标准是利息。

当把资金投入到生产或流通领域中后，经过物化劳动和活劳动，其会产生一个增值，这个增值来源于剩余价值，但由于它取得了时间的外在表现，故称之为货币时间价值（资金时间价值）。

资金时间价值具有三方面特点：①资金时间价值是在周转使用中才能产生的；②资金时间价值是资金所有者让渡资金使用权而获取的一项收入；③从分配角度上看，资金时间价值是参与社会财富分配的一种形式。

（二）资金时间价值的表示

资金时间价值是指资金经过一段时间的使用后产生的差异。这个差异可以用一段时间前后的两个价值量的绝对差额来体现。但是在投资活动中，如果初始资金不相同，一般而言，经过相等时间间隔后，价值量的差额也会不一样，这个差额的"不一样"无法体现单位投资的效果。故而，在实际计算资金时间价值时，就存在两种不同的表示方法。[①]

（1）用绝对数表示。例如，现在的1000元存在银行，在一年后本利和为1030元，其中（1030-1000）=30元，增值的30元即为资金时间价值。这是资金时间价值最直接的表示方法。

（2）用相对数表示。例如，现在的1000元存在银行，在一年后本利和为1030元，其

[①] 严碧容，方明. 财务管理学［M］. 杭州：浙江大学出版社，2016.

中（1030-1000）= 30元，增值率3%即为资金时间价值。

这是在财务管理理论与实务中会经常用到的表达方式。

资金时间价值是由于时间变化而引起的资金价值的变化。无论是在借贷、投资还是在经济方案的比较上，资金的时间价值都是客观存在的。在实际经济活动中，货币资金的流动一般不在同一时刻发生（通常以年计），不同年份的资金数流入或者流出由于价值不等而不能简单地相加减。所以，如何使不同时间点上的现金流量变为可比值，是现代企业财务经常遇到的问题。从数学计算上看，由于资金随着时间的增加过程与利息的增值过程相似，所以资金时间价值的计算方法与利息的计算方法相同。

二、单利的终值与现值的内涵

所谓现值是指一定量的资金在现在（参照点）的价值，而终值是指一定量的资金在未来（相对于参照点而言）某个时间点的价值。要计算资金的时间价值必须首先知道三个量——单位时间内的利率 i、时间区间 n、本金 P，还必须知道计算利息的方式，即单利计息和复利计息。下面先讲单利计息。

单利是指只对初始本金计算利息，计息基础不变。当利率不变时，每期利息相同。

每期的利息 $= P \times i$

利息的总额 $= P \times i \times n$

单利终值：$F = P \times (1 + i \times n)$

单利现值：$P = F \div (1 + i \times n)$

显然，这里的单利现值即为上述的本金。单利现值与单利终值互为逆运算。

三、复利的终值和现值的内涵

（1）复利终值。资金的时间价值一般都是按复利方式计算的。所谓复利是指不仅本金要计算利息，利息也要计算利息，即通常所说的"利上滚利"。资金的终值又称复利终值，是指若干期以后包括本金和利息在内的未来价值，又称本利和。复利终值的一般计算公式为：

$$FV_n = PV(1 + i)^n$$

式中：FV_n 为复利终值；PV 为复利现值，i 为利息率；n 为计息期数。

（2）复利现值。复利现值是指以后年份收入或支出资金的现在价值，可用倒求本金的方法计算。由复利终值求现值，叫作贴现。在贴现时所用的利息率叫贴现率。

现值的计算可由终值的计算公式导出：

$$FV_n = PV(1+i)^n$$

$$PV = FV_n(1+i)^{-n} = FV_n \div (1+i)^n$$

在上述公式中，$1 \div (1+i)$ 称为复利现值系数或贴现系数，简记为 $(P/F, i, n)$，复利现值的计算公式可写为：

$$PV = FV_n \cdot (P/F, i, n)$$

为了简化计算，也可编制复利现值系数表。

四、年金终值和现值的计算方法

年金是指一定时期内每期相等金额的收付款项。折旧、利息、租金、保险费等通常表现为年金的形式。年金按付款方式可分为普通年金或称后付年金、即付年金或称先付年金、递延年金和永续年金。

（一）后付年金计算公式

后付年金是指每期期末有等额的收付款项的年金。在现实经济生活中这种年金最为常见，因此，又称为普通年金。

后付年金终值犹如零存整取的本利和，它是一定时期内每期期末等额收付款项的复利终值之和。

设：A 为年金数额；i 为利息率；n 为计息期数；FVA_n 为年金终值。后付年金终值的计算公式为：

$$FVA_n = A(1+i)^0 + A(1+i)^1 + A(1+i)^2 + \cdots + A(1+i)^{n-2} + A(1+i)^{n-1}$$
$$= A[(1+i)^0 + (1+i)^1 + (1+i)^2 + \cdots + (1+i)^{n-2} + (1+i)^{n-1}]$$
$$= A \times [(1+i)^n - 1]/i$$

上式中的 $(1+i)^n - 1/i$ 叫作年金终值系数，简记为 $(F/A, i, n)$，则年金终值的计算公式可写成：

$$FVA_n = A \cdot (F/A, i, n)$$

（二）先付年金计算公式

先付年金是指在一定时期内各期期初等额的系列收付款项。先付年金与后付年金的区别仅在于付款时间的不同。利用后付年金系数表计算先付年金的终值和现值时，可在后付年金的基础上用终值和现值的计算公式进行调整。

先付年金终值的计算公式为：

$$FVA_n = A \cdot (F/A, i, n)(1 + i)$$

此外，还可根据 n 期先付年金与 $n + 1$ 期后付年金的关系推导出另一公式：[1]

$$FVA_n = A \cdot [(F/A, i, n + 1) - 1] = A \cdot [(F/A, i, n + 1) - 1]$$

（三）延期年金计算公式

延期年金也叫递延年金，是指在最初若干期没有收付款项的情况下，后面若干期等额的系列收付款项。

假设最初有 m 期没有收付款项，后面 n 期有等额的收付款项，则延期年金的现值即为后 n 期年金贴现至 m 期第一期期初的现值。其计算公式为：

$$FVA_0 = A \cdot (P/A, i, n) \cdot (P/F, i, m)$$

延期年金现值还可以用另外一种方法计算，即先求出 $m + n$ 期后付年金现值，减去没有付款的前 m 期后付年金现值，二者之差便是延期 m 期的 n 期后付年金现值。其计算公式为：

$$PVA_0 = A \cdot (P/A, i, m + n) - A \cdot (P/A, i, m)$$

（四）永续年金计算公式

永续年金是指无限期支付的年金。永续年金现值的计算公式为：

$$PVA_0 = A \div i$$

五、时间价值计算中的几个特例

（1）不等额现金流量现值的计算。年金是指每次收入或付出的款项都是相等的，但在经济管理中更多的情况是每次收入或付出的款项并不相等。

（2）年金和不等额现金流量混合情况下的现值。在年金和不等额现金流量混合的情况下，能用年金公式计算现值便用年金公式计算，不能用年金计算的部分便用复利公式计算，然后把它们加总，便得出年金和不等额现金流量混合情况下的现值。

（3）计息期短于一年时时间价值的计算。终值和现值通常是按年来计算的，但在有些时候，也会遇到计息期短于 1 年的情况。当计息期短于 1 年，而使用的利率又是年利率时，计息期数和计息率均应按下式进行换算：[2]

$$r = i \div m$$

---

[1] 张建伟，盛振江. 现代企业管理 [M]. 北京：人民邮电大学出版社，2011.
[2] 刘春化，刘静中. 财务管理（第四版）[M]. 大连：大连出版社，2017.

$$t = m \cdot n$$

式中：r 为期利率；i 为年利率；m 为每年的计息次数；n 为年数；t 为换算后的计息期数。

（4）贴现率的计算。一般来说，求贴现率可分为两步：第一步求出换算系数；第二步根据换算系数和相关现值或终值系数表求贴现率。根据前述有关计算公式，复利终值、复利现值、年金终值和年金现值的换算系数分别用下列公式计算：

$$(F/P, i, n) = FV_n \div PV$$

$$(P/F, i, n) = PV \div FV_n$$

$$(F/A, i, n) = FVA_n \div A$$

$$(P/A, i, n) = PVA_n \div A$$

第三节　价值观念在证券估价中的应用

价值的概念对不同的人而言具有不同的含义，因此，有必要了解几种主要的价值概念之间的区别。

一、相关价值概念

（1）清算价值和持续经营价值。清算价值是指一项资产或一组资产（如一个企业）从正在运营的组织中分离出来单独出售所能获得的货币金额，这种价值是与公司的持续经营价值相对的。持续经营价值是指公司作为一个持续运营的组织整体出售时所能获得的货币金额。一般这两种价值是不相等的。实际上，一个公司在清算时的价值有时比公司在持续经营时的价值更大。

（2）账面价值和市场价值。资产的账面价值是指资产的入账价值，即资产成本减去累计折旧。公司的账面价值也等于资产负债表上所列示的资产总额减去负债与优先股之和。因为账面价值以历史成本为基础，既不包括没有交易基础的资产价值，例如商誉、良好的管理等，也不包括资产的预期未来收益，所以它与一项资产或一个公司的市场价值关系不大。一项资产的市场价值是该资产（或类似资产）在公开市场上进行交易时的市场价格。对一个公司而言，市场价值是清算价值和持续经营价值二者中的较大者。

（3）市场价值与内在价值。根据市场价值的一般定义，证券的市场价值是证券的市场价格。对于一种交易活跃的证券，其市场价值是证券交易的最后一个报价。对于交易不活跃的证券，就必须去估计其市场价值。证券的内在价值是指对所有影响价值的因素——资产、收益、预期和管理等都正确估价后，该证券应得的价格。简而言之，证券的内在价值是它的经济价值。如果市场是有效率的,信息是完全的,那么证券的时价应围绕其内在价值上下波动。

本节所采用的估价方法是一种决定证券内在价值——考虑各种风险因素后证券应有的价值的方法。该价值是投资者获得的现金流按要求的风险报酬率贴现之后的现值。

二、价值观念在债券估价中的应用

(一) 债券的内容

债券是发行者为筹集资金向债权人发行的,在约定时间内支付一定比例的利息,并在到期时偿还本金的一种有价证券。由企业发行的债券称为企业债券或公司债券,由政府发行的债券称为国库券(一年以内)或国债(一年以上)。通常构成债券的要素包括债券的面值、票面利率与到期日,此外,有些债券还有赎回或回购等条款。

(1) 债券面值。债券面值是指设定的票面金额。它代表发行者借入并且承诺于未来某一特定日期偿付给债券持有人的金额。债券面值是计算债券利息的依据。债券的票面价值包括单位面值和面值总额,单位面值是每一债券的票面金额。

(2) 债券票面利率。债券票面利率是指债券发行者预计一年内向投资者支付的利息占票面金额的比率,又称为名义利率。票面利率不同于实际利率。实际利率通常是指按复利计算的一年期的利率。债券的计息和付息方式有多种,可能按单利或复利计算,利息支付可能半年一次、一年一次或到期日一次总付,这使得票面利率可能不等于实际利率。

(3) 债券到期日。债券的到期日即偿还本金的日期。债券一般都规定到期日,以便到期归还本金。

(二) 债券价值的具体估价

典型的债券是固定利率、每年计算并支付利息、到期归还本金的。按照这种模式,债券价值计算的基本模型是:[1]

$$V = \sum_{t=1}^{n} \frac{I_t}{(1+R_d)^t} + \frac{M}{(1+R_d)^n}$$

式中:V 为债券价值;I_t 为各期利息;M 为面值;R_d 为贴现率(表现为投资者投资债券所要求的预期必要报酬率);n 为债券的期限。

(1) 纯贴现债券。纯贴现债券是指承诺在未来某一确定日期作某一单笔支付的债券。

---

[1] 章萍,鲍长生. 财务管理 [M]. 上海:上海社会科学院出版社,2015.

这种债券在到期日前购买人不能得到任何现金支付，因此也称为"零息债券"。纯贴现债券的价值为：

$$V = \frac{F}{(1+R_d)^n}$$

其中，F 是债券发行人最后支付的金额。

（2）平息债券。平息债券是指利息在到期时间内平均支付的债券。支付的频率可能是一年一次、半年一次或每季度一次等。平息债券价值的计算公式如下：

$$V = \sum_{t=1}^{mn} \frac{I/m}{(1+R_d/m)^i} + \frac{M}{(1+R_d/m)^{mn}}$$

式中：m 为年付息次数。

三、价值观念在股票估价中的应用

股票是股份公司发给股东的所有权凭证，是股东们用以取得股利的一种有价证券。股票持有者即为该公司的股东，对该公司财产有要求权。

（一）股票的相关概念

（1）股票价格。股票本身是没有价值的，仅是一种凭证。它之所以有价格，可以买卖，是因为它能给持有人定期带来收益。一般说来，公司第一次发行时，要规定发行总额和每股金额，一旦股票发行后上市买卖，股票价格就与原来的面值分离。这时的价格主要由预期股利和当时的市场利率决定，即股利的资本化价值决定了股票价格。此外，股票价格还受整个经济环境变化和投资者心理等复杂因素的影响。股市上的价格分为开盘价、收盘价、最高价和最低价等，投资人在进行股票估价时主要使用收盘价。股票价格会随着经济形势和公司的经营状况而升降。

（2）股利。股利是公司对股东投资的回报，它是股东所有权在分配上的体现。股利是公司税后利润的一部分。

（3）股票价值。与债券投资一样，不管是投资普通股，还是投资优先股，投资者均需要对股票的投资价值进行估算。尽管股票价值受多种因素的影响，但股票价值与公司的盈利能力、股利水平和风险及其公司成长性等因素存在一定的函数关系。与债券估价相同，股票投资价值也是基于一系列未来现金流量的现值。这一系列未来现金流量包括股票持有期间的股利现金流量和将来出售股票的价款收入。相比于优先股，由于投资普通股股利收入不稳定，普通股价格波动大，剩余索取权后于优先股，因而普通股的投资风险要高于优先股，投资者对普通股比之优先股将要求更高的必要报酬率。而优先股先于普通股取得股利,尽管股利水平较低,但相对稳定。普通股与优先股的这些差异,将影响股票价值模型中各项因子的估计,在对普通股和优先股估价时,必须加以区分,并引起特别注意。

(二) 股票价值的具体估价

1. 现金流的股票估价

股票带给持有者的现金流入包括两部分:股利收入和出售时的资本利得。股票的内在价值由一系列的股利和将来出售股票时售价的现值所构成。

(1) 股利贴现基本模型。如果股东永远持有股票,他只获得股利,是一个永续的现金流入,这个现金流入的现值就是股票的价值:①

$$V = \frac{D_1}{1+R_s} + \frac{D_2}{(1+R_s)^2} + \cdots + \frac{D_n}{(1+R_n)^n} = \sum_{t=1}^{\infty} \frac{D_t}{(1+R_s)^t}$$

式中:D_t 为第 t 年的每股现金股利;R 为贴现率,即必要报酬率,t 为年度。

如果投资者不打算永久持有股票,而在一段时间后出售,这时股票带给投资者的未来现金流入包括股利收入和将来股票出售时的售价两个部分,于是其股票价值的计算公式可以修正为:

$$V = \frac{D_1}{1+R_s} + \frac{D_2}{(1+R_s)^2} + \cdots + \frac{D_T}{(1+R_n)^T} + \frac{P_T}{(1+R_s)^T} = \sum_{t=1}^{T} \frac{D_t}{(1+R_s)^t} + \frac{P_T}{(1+R_s)^T}$$

式中:T 为股票持有的期限;P_T 为第 T 期末的股票每股售价。

上式表明,若投资者在第 T 期出售股票,则普通股的价值就等于第 1 期至第 T 期的每年股利之现值加上第 T 期股票售价的现值之和。

因此,在实际中通常都是采用简化的方法来对股利进行估计。即:①假设股利保持固定不变;②假设股利以不变的增长额或增长率增长;③假设股利的增长分为几个阶段,各阶段分别以不同的增长率增长。这三种不同假设下的股票价值评估模型分别被称为零增长模型、固定增长模型和分阶段增长模型。

(2) 零增长模型。如果发行公司每年分配给股东固定的股利,也就是说,预期的股利增长率为零,那么这种股票就被称为零增长股票,其价值为:

$$V = \sum_{t=1}^{\infty} \frac{D}{(1+R_s)^t} = \frac{D}{R}$$

零增长模型的运用看起来受到很大的限制,因为人们没有理由认为某一种股票会永远支付相同的股利,这样的批评对于普通股是言之有理的。但对于优先股来说,这种模型却

---

① 丁春慧,易伦. 财务管理 [M]. 南京:南京大学出版社,2015.

是适用的,因为大部分优先股是非参加优先股,这就意味着不论公司盈利高低,优先股的每股股利都固定不变,只要公司不破产,这样的股利会永远支付下去。

(3) 固定增长模型。普通股的价值取决于股利收入及其风险水平,而股利收入又取决于公司的盈利水平和股利支付率。由于公司每年的盈利水平不尽相同,从而导致每年的股利收入也不完全一样,因此,在评价普通股的价值时,假定每年的股利固定不变是不现实的。实际上,对于大多数公司而言,收益与股利并非固定不变,而是呈不断增长之势。如果预计某股票的每股股利在未来以某一固定的增长额或增长率增长,这种股票就被称之为固定增长股。其中,以固定增长额增长的股票称为定额增长股,以固定增长率增长的股票称为定率增长股。通常所说的固定增长股多为定率增长股。

2. 市盈率的股票估价

虽然用股利贴现模型估计股价更为合理,但许多证券分析人员却更喜欢用基于市盈率的方法来评估股票的投资价值。

市盈率(P/E),是每股市价与每股税后利润的比值,这里的每股税后利润是指每股可分配利润,即每股净收益。市盈率是衡量上市股票价值高低的一个重要指标。将各上市公司的股票市盈率进行比较,可以作为选择股票种类的参考;将各上市公司在不同时期的市盈率进行比较,可以了解该股票价值的变化趋势;将各国各地区的股市市盈率进行比较,可以判断某地股价的发展潜力。

基于市盈率来评估股票的投资价值,一般有两种基本思路。

(1) 直接根据市盈率的大小来评价股票的投资价值。市盈率是股票市价与每股盈利之比,以股价是每股盈利的倍数表示,它表明投资者愿意用盈利的多少倍的货币来购买某种股票,是市场对该股票价值的评价,其大小可以粗略地反映股价的高低。在投资决策分析时要研究拟投资股票市盈率的长期变化,估计其正常值,作为分析的基础。不同时期、不同行业、不同企业的市盈率不同。当预期将发生通货膨胀或提高利率时市盈率会普遍下降;处于快速增长期的行业的市盈率相对较高;预期公司利润增长时市盈率会上升;债务比较重的公司市盈率较低。根据市盈率衡量评估股价,应考虑以下几个因素:①经济周期。一般说来,经济高涨时期要比经济衰退时期的市盈率高些。②企业周期。当企业处于增长阶段,预期企业的发展前景良好,利润增长较快,其市盈率可相对高一些;而处于饱和或衰退阶段的企业的市盈率则要低一些。③历史水平。有些企业的市盈率虽高,但却能长期维持,这样的股票股价即使下跌,一般来说也是短暂的,它会很快弹回;而市盈率一贯较低的股票,其股价在高位是不会长久的。

(2) 通过对某种股票市盈率的理论值与其实际值的比较,以评价股票的投资价值。其方法是:首先估计股票市盈率的理论值,然后将其与市盈率的实际值相比较。当市盈率的理论值高于其实际值时，表明股票的价值被低估，这时可以考虑买进该种股票；当理论值低于实际值时，表明股票的价值被高估，这时可以考虑卖出该种股票。采用这种方法的首要任务是估计各种股票的市盈率理论值，估计方法主要有贴现现金流法和横截面回归分析法两种方法。

（三）优先股的具体估价

大部分优先股在不变的时点支付固定的股利。优先股在发行时不规定到期日，但它有固定支付股利的性质，这与永久性债券是类似的。正是由于这一点，优先股定价的一般方法就很自然地等同于永久性债券定价的一般方法。所以，优先股价值为：

$$V = \frac{D_p}{R_p}$$

其中：D_p 是优先股年股利；R_p 是贴现率。

如果某优先股的股利率为9%，面值100元，必要报酬率为14%，则优先股的价值为：

$$V = \frac{9}{0.14} = 64.29$$

第四节 财务管理的风险与报酬

企业的财务管理工作，几乎都是在有风险和不确定的情况下进行的。离开了风险因素，就无法正确评价企业报酬的高低。风险报酬原理正确地揭示了风险和报酬之间的关系，是财务决策的基本依据。

一、风险报酬的含义

风险是客观存在的，做财务管理工作不能不考虑风险问题。按风险的程度，可把企业财务决策分为三种类型。

（1）确定性决策。决策者对未来的情况是完全确定的或已知的决策，称为确定性决策。

（2）风险性决策。决策者对未来的情况不能完全确定，但它们出现的可能性——概率的具体分布是已知的或可以估计的，这种情况下的决策称为风险性决策。

（3）不确定性决策。决策者对未来的情况不仅不能完全确定，而且对其可能出现的概率也不清楚，这种情况下的决策称为不确定性决策。

在企业财务管理中，对风险和不确定性并不作严格区分，当谈到风险时，可能指风险，更可能指不确定性。风险报酬也有两种表示方法：风险报酬额和风险报酬率。

风险报酬额是指投资者因冒风险进行投资而获得的超过时间价值的那部分额外报酬。

风险报酬率是指投资者因冒风险进行投资而获得的超过时间价值率的那部分额外报酬率，即风险报酬额与原投资额的比率。

在财务管理中，风险报酬通常用相对数——风险报酬率来加以计量。讲到风险报酬，通常是指风险报酬率。如果把通货膨胀因素抽象掉，投资报酬率就是时间价值率和风险报酬率之和。因此，时间价值和风险报酬便成为财务管理中两项基本因素。

二、单项资产的风险报酬内涵

为了有效地做好财务管理工作，就必须弄清不同风险条件下的投资报酬率之间的关系，掌握风险报酬的计算方法。风险报酬的计算是一个比较复杂的问题。

（1）确定概率分布。一个事件的概率是指这一事件可能发生的机会。如果把所有可能的事件或结果都列示出来，且每一事件都给予一种概率，把它们列示在一起，便构成了概率的分布。

（2）计算期望报酬率。期望报酬率是各种可能的报酬率按其概率进行加权平均得到的报酬率，它是反映集中趋势的一种量度。期望报酬率可按下列公式计算：

$$\bar{K} = \sum_{i=1}^{n} K_i p_i$$

式中：$\bar{K} = \sum_{i=1}^{n} K_i p_i$ 为期望报酬率；K_i 为第 i 种可能结果的报酬率；p_i 为第 i 种可能结果的概率；n 为可能结果的个数。

（3）计算标准离差。标准离差是各种可能的报酬率偏离期望报酬率的综合差异，是反映离散程度的一种量度，是反映报酬率与期望报酬率偏离程度的一个指标。标准离差可按下列公式计算：

$$\delta = \sqrt{\sum_{i=1}^{n} (K_i - \bar{K})^2 \cdot P_i}$$

式中：δ 为期望报酬率的标准离差。

标准离差越小，说明离散程度越小，风险也就越小。

（4）计算标准离差率。对比期望报酬率不同的各项投资的风险程度，应该用标准离差同期望报酬率的比值，即标准离差率。标准离差率的计算公式为：

$$V = \frac{\delta}{\bar{K}} \times 100\%$$

式中：V 为标准离差率。

（5）计算风险报酬率。标准离差率虽然能正确评价投资风险程度的大小，但这还不是风险报酬率。要计算风险报酬率，还必须借助一个系数——风险报酬系数。风险报酬率、风险报酬系数和标准离差率之间的关系可用公式表示如下：

$$R_R = \beta \times V$$

式中：R_R 为风险报酬率；β 为风险报酬系数；V 为标准离差率。于是，投资的总报酬率可表示为：

$$K = R_F + R_R = R_F + \beta \times V$$

式中：K 为投资的报酬率；R_F 为无风险报酬率。

无风险报酬率就是加上通货膨胀贴水以后的货币时间价值，西方一般把投资于国库券的报酬率视为无风险报酬率。风险报酬系数是将标准离差率转化为风险报酬的一种系数。

第五节 企业财务风险成因及防范

财务风险作为一种信号传递，在一定意义上能够较客观全面地反映企业的经营好坏。在市场经济中，财务风险对每一个企业而言都是客观存在的，特别是在中国的经济体制还有待进一步改革和完善的背景下，企业的财务风险呈现出多样性和复杂性，企业财务风险防范能力与企业的兴衰成败息息相关。因此，对企业财务风险防范做全面系统而深入的研究和思考具有极其重要的现实意义。

一、财务风险的内涵解读

风险的定义，有广义和狭义之分。广义风险的概念认为，风险就是不确定性，且具有双重效应。具体而言，风险既可以给经济活动的主体带来威胁，即风险危机观；相反地，风险也可能带来相对应的机会，即风险机会观。风险的狭义定义是指某项活动带来损失的不确定性。

财务风险是指企业在筹资、投资、资金回收及收益分配等各项财务活动过程中，由于各种无法预料、不可控因素的作用，使企业的实际财务收益与预期财务收益发生偏差，因而使企业蒙受经济损失的可能性[1]。具体而言，财务风险是由于融资方式不当、财务结构不合理、资本资产管理不善及投资方式不科学等诸多因素，从而使公司可能丧失偿债能

---

[1] 马为. 中小企业财务风险的成因及防范措施探讨 [J]. 现代商贸工业, 2019, 40 (18): 106-107.

力,进而导致投资者预期收益下降的风险。

企业财务风险是客观存在的,要想完全消除财务风险是不太可能的,也是不现实的。对于财务风险,企业只能采取积极、有效的针对性措施,将其影响降低到最低程度。显而易见,财务风险管理是经营主体对其理财过程中存在的各种风险进行识别、度量和分析评价,并适时采取及时有效的管理方法进行防范和控制,以经济合理可行的方法进行处理,保障理财活动安全正常开展,保证其经济利益免受损失的管理过程。

(一) 财务风险的基本特征

(1) 客观性。财务风险是企业生产营运过程的产物,其并不以人的意志为转移,是客观存在的,可以说财务风险的多样性也奠定了财务风险的客观性。如外部宏观环境的变化、市场调整、企业经营战略的转换、竞争对手战略转换或新替代品出现等因素都可能会引发企业财务风险的出现,因此企业无法完全规避财务风险,只能通过一定的措施来减弱其影响,降低其发生的概率,但不可能完全避免。

(2) 损益性。企业的投资收益与其风险成正比关系,对企业投资者而言,收益大则风险大,风险小则收益也少。企业要想获得一定的利润就必须承担与利润成正比的风险。尽管如此,企业也不能盲目去冒险,要使其风险的承受程度和自身的抵御能力相匹配。

(3) 突发性。企业财务风险的发生并不是有章可循的,风险的产生有突然的特点。这是因为企业所处的外部环境瞬息万变,在不断变化的环境中,有的风险可能发生,有的可能不发生。风险对企业的影响也具有偶然性,影响可能很大,也可能很小。尽管财务风险具有突发性,企业也要采取措施提前预防风险的发生,以达到效益最大化的经营目标。

(4) 复杂性。财务风险的复杂性,有直接因素也有间接因素;有的因素可以提前预测,而有的无法预测;有些是外部因素,有些是企业内部因素。财务风险对企业造成的影响也是不确定的,它表现在影响范围上不确定,在影响时间上不确定,在影响深度上也不确定。所以财务风险是极其复杂的。

(5) 激励性。财务风险是客观存在的,企业为了经济效益最大化,必须制定相应的措施来规避或减弱财务风险对企业的影响。企业只有完善内部管理尤其是内控制度,才能把财务风险控制在一定范围以内,这样就促使企业完善内部管理,对企业状态进行实时监督,改进企业内控管理系统中存在的问题,使内控制度更加合理化、规范化和科学化,使企业能更快更好地适应时代竞争的需要。

(二) 财务风险的类型划分

(1) 筹资风险。筹资风险是指由于资金供需市场、宏观经济环境的变化,企业筹集资金给财务成果带来的不确定性。筹资风险主要包括利率风险、再融资风险、财务杠杆效应、汇率风险、购买力风险等。利率风险是指由于金融市场金融资产的波动而导致筹资成本的变动；再融资风险是指由于金融市场上金融工具品种、融资方式的变动，导致企业再次融资产生不确定性，或企业本身筹资结构的不合理，导致再融资产生困难；财务杠杆效应是指由于企业使用杠杆融资给利益相关者的利益带来不确定性；汇率风险是指由于汇率变动引起的企业外汇业务成果的不确定性；购买力风险是指由于币值的变动给筹资带来的影响。

（2）投资风险。投资风险是指企业投入一定资金后，因市场需求变化而影响最终收益与预期收益偏离的风险。企业对外投资主要有直接投资和证券投资两种形式。在中国，根据《公司法》的规定，股东拥有企业股权的25%以上应该视为直接投资。证券投资主要有股票投资和债券投资两种形式。股票投资是风险共担、利益共享的投资形式；债券投资与被投资企业的财务活动没有直接关系，只是定期收取固定的利息，所面临的是被投资者无力偿还债务的风险。投资风险主要包括利率风险、再投资风险、汇率风险、通货膨胀风险、金融衍生工具风险、道德风险、违约风险等。

（3）经营风险。经营风险又称为营业风险，是指在企业的生产经营过程中，供、产、销各个环节不确定性因素的影响所导致企业资金运动的迟滞，产生企业价值的变动。经营风险主要包括采购风险、生产风险、存货变现风险、应收账款变现风险等。采购风险是指由于原材料市场供应商的变动而产生的供应不足的可能，以及由于信用条件与付款方式的变动而导致实际付款期限与平均付款期的偏离；生产风险是指由于信息、能源、技术及人员的变动而导致生产工艺流程的变化，以及由于库存不足所导致的停工待料或销售迟滞的可能；存货变现风险是指由于产品市场变动而导致产品销售受阻的可能；应收账款变现风险是指由于赊销业务过多导致应收账款管理成本增大的可能性，以及由于赊销政策的改变导致实际回收期与预期回收的偏离等。

（4）存货管理风险。企业保持一定量的存货对于其进行正常生产来说是至关重要的，但如何确定最优库存量是一个比较棘手的问题，存货太多会导致产品积压，占用企业资金，风险较高；存货太少又可能导致原料供应不及时，影响企业的正常生产，严重时可能造成对客户的违约，影响企业的信誉。

（5）流动性风险。流动性风险是指企业资产不能正常和确定性地转移现金或企业债务和付现责任不能正常履行的可能性。从这个意义上来说，可以把企业的流动性风险从企业的变现力和偿付能力两方面分析与评价。由于企业支付能力和偿债能力发生的问题，称为现金不足及现金不能清偿风险。由于企业资产不能确定性地转移为现金而发生的问题，则称为变现力风险。

（三）财务风险的成因

企业财务风险产生的原因很多，既有企业外部的原因，也有企业自身的内部原因，而且不同的财务风险形成的原因也不尽相同。具体可分为以下几点[①]：

1. 财务风险形成的外部因素

第一，企业财务管理宏观环境的复杂性是企业产生财务风险的首要外部原因。企业财务管理的宏观环境复杂多变，使一些企业的管理系统不能与之相适应，因而无法根据国家宏观环境的变化而对自身的财务管理进行适当的改革。财务管理的宏观环境包括经济环境、法律环境、市场环境、社会文化环境、资源环境等因素，这些因素存在于企业的外部，但对企业财务管理会产生重大的影响，并且其中的任何一个环境因素的突变都有可能造成巨大的财务风险，比如说一些法律文件的变更以及相关财务政策的制定等。

第二，商品市场供求状况变化和单位经济行为的时间差异。众所周知，市场的供求变化是无法确定的，企业决策在调整力度以及时间上都和它有着比较大的差异，它是按照市场整体变化的实际情况或者自己判断的发展趋势来确定自己的下一步行动方向，因此，由于时间上的差异性以及变化的无规律性等都将导致一些财务风险的出现。

第三，资本结构的不合理。一些企业在筹资的过程中，为了更多地减少资本成本，大多数都倾向于采取债务融资的方式，因此造成债务资本在总资本中占据着很高的比例，一旦其资金链断裂，企业无法按时偿还到期的债务，那么将会面临着巨大的财务风险。从中国现有企业的资本结构来看，都或多或少地存在着较高的资产负债率问题，因为企业在进行生产规模的扩张以及发生流动资金不足的情况时，首先想到的就是向银行贷款，所以很容易导致其资产负债率居高不下。

第四，利率水平以及外汇汇率水平的影响。首先，当企业通过负债的方式来筹措资金时，如果合同的利率固定，一旦市场利率下降，那么企业就必须按照合同的水平来支付较高的利息；而如果合同的利率是浮动的，则利率的上升会加大付息压力。总而言之，负债融通资金在一定程度上都会加大财务风险。其次，如果企业用外币融资来代替负债筹资，那么财务风险也会随着浮动利率的变化而加剧。最后，汇率的变动还将对进出口企业的收益情况造成很大的影响。

2. 财务风险形成的内部因素

第一，企业自身的管理体制不健全，特别是缺乏一整套科学合理的财务管理内部控制制度。督促各项资金的合理使用，使其产生最大的经济效益是一个企业建立内部控制制度

---

① 王国爱. 浅议中小企业财务风险的成因与完善对策［J］. 中国商论，2018，(21)：67-68.

的最终目的。然而，目前中国部分企业的内部控制制度和财务管理制度融合在一起，以致不能够有效地监督财务资金的投资以及收回情况。内部控制制度也没有达到预期的效果，从而加剧了财务风险的发生。

第二，财务决策缺乏科学性导致决策失误。目前，中国许多企业在进行财务决策时，经验决策以及主观决策的现象依然非常普遍。特别是进行固定资产投资时，在分析投资项目的可行性过程中，对于投资的内外部环境和未来现金流量产生的影响无法做出科学合理的判断，导致投资失误屡屡发生，项目的预期收益也不能够如期地完成，由此产生了无法估量的财务风险。

第三，企业内部财务关系不明。这是企业产生财务风险的又一重要原因，企业与内部各部门之间及企业与上级企业之间，在资金管理及使用、利益分配等方面存在权责不明、管理不力的现象，造成资金使用效率低下，资金流失严重，资金的安全性、完整性无法得到保证。例如，在一些上市公司的财务关系中，很多集团公司母公司与子公司的财务关系十分混乱，资金使用缺乏有效的监督与控制。

第四，资产流动性不强以及现金流量状况不佳的现象非常普遍。现金流量多少以及资产流动性的强弱对其偿债能力有着最直接的影响，而且企业有多少债务以及有多少可以变现偿债的流动资产决定着其是否能够顺利地偿还债务。一方面，如果偿债的流动资产越多，债务越少，那么偿债能力也就越强，反之则越弱；另一方面，如果用流动资产偿还负债后企业剩下的是营运资金，那么营运资金越少，表明企业的风险就越大，就算整体的盈利状况比较好，一旦现金流量不足，资产变现能力差，企业也同样会深陷困境。

第五，企业财务管理人员的素质水平不高，缺乏对财务风险的客观性认识。实际上，只要有财务活动，就必然存在着一定的财务风险。中国现行很多企业的财务风险产生的重要原因之一，就是由于其管理人员自身素养不高，风险意识淡薄，无法在第一时间准确判断在财务活动中隐藏着的财务风险。

二、财务风险管理的步骤与方法

（一）财务风险管理的基本步骤

企业财务风险管理活动应覆盖整个企业，涉及各个部门和众多人员。财务风险管理实施步骤要求识别和了解企业面临的各种财务风险，以评估财务风险的成本、影响及发生的可能性，并针对出现的风险制定应对办法以及实施纠正举措。

财务风险管理可分为四个步骤①：第一步是风险识别；第二步是风险评估；第三步是确定风险；第四步是风险监测。

1. 风险识别环节

管理层应尽力识别所有可能对企业产生影响的风险，包括整个业务面临的较大或重大的风险，以及与每个项目的业务单位关联的不太主要的风险。企业应通过正式的检查程序来全面分析风险和损失。风险识别程序要求采用一种有计划的、经过深思熟虑的方法，来识别业务的每个方面存在的潜在风险，并识别可能在合理的时间段内影响每项业务的较为重大的风险。

风险识别程序应在企业内的多个层级得以执行。对每个业务单位或项目有影响的风险，可能不会对整个企业产生同样大甚至更大的影响。因此，对整个经济体产生影响的主要风险会分流到各个企业及其独立的业务单位。风险识别的方法之一是集体讨论可能的风险领域。通过这种方法动员知悉情况的人员迅速给予答复。之后由风险管理小组对集体讨论后识别的所有风险进行复核，并且认定核心风险。最后，为识别风险进行集体讨论的结果，应提供给未参与讨论的其他部门。并按照来自整个企业的评论和讨论，增加已识别的风险。

2. 风险评估环节

风险通常是相互依存的。应依据组织结构考虑和评价风险间的相互依存关系。企业应关注企业内各层级的风险，但实际上各层级可能仅对其范围内的风险实施了控制。每个经营部门负责管理其面临的风险，但是可能受到组织结构中上一级部门或下一级部门的风险事件的影响。企业的每个经营部门应认识到，自身遇到的许多风险，均可能对企业内其他部门产生影响。此外，还有大量工具可用来确定风险对企业的影响，比如情景设计、敏感性分析、决策树、计算机模拟、软件包等。

在评估风险时，应留意的是概率与不确定性。特别是在识别出大量风险后，评估小组应逐个考虑风险、可能性以及发生的情况。需要强调的是，本质上来说，风险可能不会保持不变，也不是100%会发生。关于概率的另外一个基本规则是，不得将独立的概率估计相加，得出综合估值。

3. 确定风险评级和应对策略环节

（1）确定风险评级。一是检查风险评级，并得出一份列明潜在风险的清单。下一步是按照已确定的重大程度和可能性估值，计算风险评分，并识别最为重大的风险。根据影响及可能性，对风险进行优先次序的排列。二是对于评分较高的风险，被称作风险推动因素

---

① 陈可喜. 财务风险与内部控制 [M]. 上海：立信会计出版社，2012.

或主要风险。然后，企业应将注意力继续放在这些主要风险上。三是进行优先次序排列时，不应仅考虑财务方面的影响，更重要的是考虑对实现企业目标的潜在影响。四是对非重大的风险应定期复核，特别是在外部事项发生变化时，应检查这些风险是否仍为非重大风险。

需要说明的是，有效的风险管理要求企业持续对风险进行重新评估，并且通过定期风险复核，控制风险情景并清楚何时应做出决策。

（2）风险应对策略主要有以下几种方式：

第一，风险规避。当风险潜在威胁发生的可能性很大，不利后果也比较严重时，企业主动放弃或者停止与该风险相关的业务活动，这种通过终止行动方案的方式不失为规避风险的良策。

第二，风险降低。在实施风险降低策略时，最好将每一具体风险都控制在可以接受的水平上，单项风险减轻了，整体风险就会相应降低，成功的概率就会增加。风险降低策略是基于企业不愿意被动接受特定的后果分布状态，而通过自身努力改变不利后果的概率。为改变后果分布状态所做的努力，称为风险缓解。企业成功地降低风险后，其成果分布状态将不再是极端的。不同的实际情况适用不同的风险降低方法。减少风险常用三种方法来实施：①控制风险因素，减少风险的发生；②控制风险发生的频率和降低风险损害程度；③通过风险分散形式来降低风险，比如在多种股票而非单一股票上投资。不愿"将所有的鸡蛋放在同一个篮子里"的企业采用的是风险分散策略。

第三，风险转移。对可能给企业带来灾难性损失的资产，企业应以一定的代价，采取某种方式转移风险。其目的是通过若干技术手段和经济手段将风险部分或全部转移给另一家企业、公司或机构承担。合同及财务协议是转移风险的主要方式。转移风险并不会降低其可能的严重程度，只是把风险从一方转嫁给另外一方。

第四，风险保留。风险保留包括风险接受、风险吸收和风险容忍。对一些无法避免和转移的风险，采取现实的态度，在不影响投资者根本或局部利益的前提下，将风险自愿承担下来。例如，在风险损失发生时，直接将损失摊入成本或费用，或冲减利润；风险自保是指企业预留一笔风险金进行预防，或者采取有计划地计提资产减值准备等政策。采取风险保留的策略，或者是因为这是比较经济的策略，或者是因为没有其他备选方法（比如降低、消除或转移）。采用风险保留策略时，管理层需考虑所有的方案，即如果没有其他备选方案，管理层需确定已对所有可能的消除、降低或转移方法进行分析来决定保留风险。

4. 风险监测环节

首先是对已识别的风险进行监测。其次，监测内容应包括目标的实现过程，并关注新的风险和相关损失。然后，风险监测可由程序的所有者或独立审查人员执行，如企业风险管理部门或内部审计师。再次，内部审计师也常常能提供非常可靠且完善的信息，来监测已识别风险的当前状态。最后，企业可能已执行了为识别较重大风险而精心设立的程序。但是仍然必须定期对风险的当前状况进行监测，必要时对已识别的风险做出变更。

（二）财务风险管理的基本方法

1. 时间顺序法

风险控制发生在企业风险管理的全过程中，根据风险发生的时间顺序可以分为如下三种[①]：

（1）事前风险控制。企业在做出经营决策之前对其内部条件因素和外部环境因素进行详尽分析、综合估计各种风险因素，对企业的决策结果进行趋势预测，如果发现可能出现的风险因素，则提前采取预防性的纠偏措施，保证企业的经营决策始终沿着正确的轨道前进，从而达成企业目标。风险回避策略显然属于事前风险控制，其可以有效地消除不必要的风险产生的条件和机会，从而达到不需过多的精力和成本投入就能避免风险发生的目的。有效的避免风险措施理论上可以完全解除某种风险，即完全消除某种损失的可能性，但在现实经济生活中，事前风险控制措施的采用受到一定的限制，比如当其涉及放弃某项活动时，同时也就部分或全部地丧失了从事该活动可能带来的利益。另外，由于风险回避常涉及改变生产工艺、工作地点等。一般说来，企业应该在该项活动的早期计划阶段就做出研究和决策，任何改变进行中的工作的企图都会造成极大的不便和昂贵的费用。

（2）事中风险控制。在决策实施过程中或风险发生过程中，企业对自身的决策行为和形势变化进行检查，对照既定的标准判断是否合适，如果发现了风险成因，就立即采取措施，快速反应，对企业的决策行为进行调整、修正。这种方式类似于开关功能，故称之为开关型风险控制。由于风险随时可能发生，并且风险事件的发生时间极其短暂，因此事中风险控制需要企业决策者具有高度的风险感知度，能够对风险事件及时处理。一般来说，企业的应急连锁反应、成立突发事件特别行动小组等属于事中风险控制决策措施。

（3）事后风险控制。事后风险控制要求企业将企业决策的结果与预期结果进行比较与评价，然后根据偏差情况查找具体的风险成因，总结经验教训，对已发生的错误或过失进行弥补，同时调整企业的后续经营决策。事后风险控制需要完成两项任务，其一是尽可能地减少风险损失，其二是调整企业决策思路，减少风险再次发生的可能性，以指导企业今后的实践。

---

① 王元梅. 企业财务风险的成因与识别方法 [J]. 中国商论，2016，(34)：103-104.

2. 内容分类法

企业风险控制是一项复杂的系统工程，它需要综合运用数理统计、经济学、逻辑推理等多学科的知识，并且需要涉及多方面的内容。根据风险控制的处理对象，其可以做以下分类：

（1）风险因素控制。企业风险控制因素通常包括财务、生产、销售、质量、人力资源等方面。财务风险控制包括财务预算，对财务的收益性指标、安全性指标、流动性指标、成长性指标、生产型指标等的控制。生产风险控制包括对产品品种、质量、数量、成本、交货期及售后服务等因素的控制。销售控制主要包括对企业的产品竞争力、产品价格、销售渠道、促销行为等的控制。质量控制不仅仅是对产品质量的控制，还包括工作效率、设计、信息工作等一系列的质量控制。人力资源控制在于为企业选拔合适、优秀的贤才，营造良好的企业文化和工作氛围，提高组织效率。

（2）风险事态控制。风险因素控制主要是对企业日常经营活动中的某一部门或某一领域的风险进行控制，风险事态控制往往并不局限于此。它通过对企业既成风险事件进行全面诊断，分析风险成因，预测风险隐患，采取积极有效的风险处理措施以尽可能地减少风险损失，避免事态的扩大对企业的进一步不利影响。风险事态控制通过对风险事件的及时处理来控制风险，往往需要同时涉及多个风险因素，因此风险事态控制相对于风险因素控制更具后验性和综合性。

3. 导向分类法

企业对于风险的承受能力是一定的，而风险控制的最终目的正在于将风险控制在企业可以承受的范围内。定义可能风险、原有风险和可控风险，其中可能风险＝原有风险发生概率，并且受企业主观活动的影响可发生改变，因此可控风险。企业风险控制的目的在于，将可能发生的风险限制在企业风险承受能力范围内。由以上分析可以得出，企业风险控制得以改变的部分是可控风险，这一部分越大表明企业对风险的驾驭能力越强，企业最终遭遇的风险也将越小。基于此，风险控制可以分为如下两类。

（1）概率导向风险控制。由于可控风险，企业对其进行控制的首要策略就在于降低，即减少风险事件发生的概率。概率导向风险策略通常应用于风险事件发生前，如风险回避策略，该策略试图将风险发生概率减少到零。当然风险发生的绝对零概率是不可能的，但概率导向风险控制不失为一种积极的风险防御策略。风险投资公司在将风险资金投入风险企业时，通过对风险企业提供的商业计划书进行详尽的尽职调查、积极寻找联合投资合作伙伴、明确分段投资方式和投资条件、筛选合适的职业经理人和管理团队、完善委托代理的奖励监督机制等，都可以有效地控制风险投资过程中的风险发生概率。

（2）损失导向风险控制。损失导向的风险控制策略应用于两种情况。第一种情况是当风险事件发生的概率一定时，企业无法回避风险或是减小风险发生的概率，如系统风险，包括政治事件、自然灾害、经济萧条等。此时，损失导向风险控制就在于减少可能的风险损失。比如通过战略联盟或联合投资等策略，企业可以控制市场中的非系统风险，实现风险不守恒，即合作双方所需承担的总风险和合作各方承担的风险都有所降低。第二种情况在于当企业的原有风险和风险发生的概率都无法调整时，即风险不可降低和回避时，损失导向的风险控制需要企业在风险发生后，积极应战，尽可能地减少风险损失，从而使得实际遭遇的风险在承受能力范围内。

三、财务风险的防范

（一）财务风险防范的重要作用

企业财务风险防范，是指企业为应对和改变所面临的各种财务风险状况而事先采取的一系列管理措施和行为。企业应在充分认识其所面临的财务风险的基础上，采取各种科学、有效的手段和方法，对各类风险加以预测、识别、评价和控制，以最低成本确保企业资金运动的连续性、稳定性和效益性。企业对财务风险防范的能力与企业的兴衰息息相关。

在市场经济中，财务风险对每一个企业来说都是客观存在的，进行财务风险防范对企业有着极其重要的意义。

1. 有利于提高企业及社会资源配置效率

在现实的社会经济运行系统中，企业是实体经济的载体及基本单元，也是市场配置资源的主体。企业的经营状况及资源配置效率的高低，从根本上决定了整个社会经济系统资源配置的水平，而有效的企业财务风险防范对提高社会经济系统资源配置的效率有着重要的影响。

在整个经济系统中，企业既是资源的所有者、使用者，也是所有风险的最终承担者。企业无视风险的存在，盲目地进行生产经营，在风险发生时无力抵御，就有可能造成资产质量的下降，甚至整个社会资源的浪费；而企业过度消极的风险回避态度，却可能使企业丧失很多潜在的甚至较大的投资及盈利机会，从而降低企业的投资回报，进而降低整个社会的资源配置效率。企业通过积极主动而有效的风险管理，有助于其进行可控风险范围内的经营行为及风险投资，可以提高企业自身抵御风险的能力及其核心竞争力，实现资源的最优分配，进而提高整个社会经济系统的运行效率。

2. 有利于稳定企业的财务与生产经营

无论是因为企业外部经营环境、内部管理因素的影响，还是企业内财务风险表征因素的影响，企业陷入财务困境或出现财务风险时，生产经营都会发生动荡，因此积极主动地对财务风险进行控制与防范，有利于为企业创造一个相对安全稳定的生产经营环境。只要是跟资金运动有关的环节，就有可能存在财务风险，而对资金的使用表现为对各种资产的利用，虽然适当的资金沉淀对企业而言是一种正常现象，但是作为一个高效运转的企业，加速资金周转，缩短资金沉淀时间，是提高企业运作效率的一个有效途径。

防范资金沉淀过程中的财务风险，无疑有利于保证资金的安全、完整和企业的获利能力。而企业进入市场，若无法把握市场变化，只是片面追求盈利性强的产品，则往往会造成该产品前期畅销、后期积压，使资金周转困难，财务风险上升。因此，加强财务风险管理，建立相应的管理机制，有利于加速资金周转，实现资金的安全性、完整性和盈利性，最终为企业创造一个安全的生存环境。

3. 有利于降低企业的财务危机成本

当企业发生财务风险时，会给企业带来不同程度的损失。一般而言，企业财务风险所带来的损失及成本可以分为直接（损失）成本和间接（损失）成本。直接（损失）成本，是指企业因财务风险而产生的资产直接账面损失以及进入破产清算程序或被兼并收购时，在法律、会计等中介机构专业服务方面所发生的费用支出。间接（损失）成本，是指许多不可预见并难以从财务账面反映的成本。比如，当企业陷入财务危机时，员工人心涣散，从而导致企业内部管理混乱，使生产经营活动出现较大幅度的波动，最终使企业经济效益下降；企业原有的客户或原材料供应厂家可能会因此而中断与企业的合作关系，使企业经营活动雪上加霜；而银行或其他金融机构也可能因企业的财务危机而停止对企业提供贷款或其他融资支持。

在某些情况下，如果企业对财务风险管理不当，由此产生的间接损失甚至会超过其直接损失。如果企业不能采取有效措施及时扭转这种不利状况，就有导致破产或被其他收购方兼并重组的可能，企业将会为此付出高昂而沉痛的代价。

（二）财务风险管理的基本原则

结合财务管理的特征，本书提出财务风险管理的原则如下：

1. 与战略目标相融合

在企业战略管理中，财务风险管理是一项重要的工作，可以在战略规划过程中就考虑规划财务风险管理以实现战略目标。与战略目标相融合的原则是风险管理的一项基本原则，风险管理的过程就是追求与战略目标相融合的过程。

2. 适度承担风险

财务风险管理过程是一个不断地追求适度承担风险的过程。通常适度承担风险，是指通过承担最小风险实现既定的财务目标进而实现战略目标。在同等收益情况下，对每一项投资均要考虑怎样预算和控制方可达到最小的风险投入并获取预期收益目标。如果企业没有风险管理的能力，却去投资风险较大的项目，则一旦风险损失的事件出现，企业必定会出现财务危机或破产。反之，没有适度承担风险的胆略，就会失去许多机会。所以，企业适度承担风险的胆量与风险管理能力和盈利（收益）能力应当相适应。

3. 风险与收益匹配

风险防范应努力实现风险与收益的匹配，这是财务管理的基本原则。在风险防范中必须要考虑企业所承担的各种风险并对各种不同的风险实施不同的风险防范，以追求财务目标的实现。贯彻财务管理之风险与收益匹配原则的关键是防止冒过大风险，因为冒过大风险会造成企业财务危机。然而，企业不敢冒风险则会造成企业失去很多的投资机会，从而导致企业没有发展生机。所以，这个原则的实施需要与投资决策和融资决策融合考虑。

企业依据这些原则进行项目管理，应制定包括从减少损失的角度考虑的控制目标，以及从增加收益的角度考虑的保值目标等，从而以最低的成本实现最大的安全保障。

四、财务风险防范基本流程

财务风险防范的基本流程体现了管理工作的内在联系和运行规则，它包括风险管理目标、风险识别、风险估计与评价、风险决策、风险处理五个基本步骤。

企业在确定财务风险防范目标后，进行财务风险防范的基本程序主要包括两大部分，即财务风险分析和财务风险控制。

（一）财务风险防范目标的确定阶段

确定财务风险防范目标是整个财务风险防范过程的起点，无论是财务风险分析，还是财务风险控制都要围绕着风险防范目标来进行。财务风险防范目标对整个财务风险防范过程起着根本性的决定作用。因此，在制定财务风险防范目标时要格外谨慎。在此提出的确定财务管理目标的基本原则是确定财务风险防范目标的指导思想，其主要内容包括以下四个方面：

第一，企业财务风险防范目标应与企业总体目标相一致。企业是以营利为目的的从事生产经营活动的社会经济组织，进行财务风险防范就是要使风险不影响企业的生产经营活动，不影响企业的收益。因此，企业进行财务风险防范，必须符合企业整体战略，与企业的总体目标一致，在实现企业价值最大化的同时，还应力求实现股东价值最大化与相关者利益最大化。

第二，企业财务风险防范目标应具有层次性。企业在保证了财务风险防范目标与企业总体目标一致的情况下，还要根据目标的重要程度，区分风险防范目标的主次，确保各层次目标的实现具备客观可能性，以利于提高风险防范的综合效果。

第三，企业财务风险防范目标应具有明确性。企业在分层次制定财务风险防范目标的同时，必须注意各层次目标的明确性，以便正确选择和实施各种方案，并对其效果进行客观评价。

第四，企业应处理好成本与收益之间的关系。企业进行财务风险防范的目标主要是为了维护企业的收益和安全。因此，企业应从最经济、最合理的角度来处置风险，制定风险防范策略，以最低的成本实现最大的利益与安全保障。例如，建立风险预警系统，是企业进行财务风险防范的有效措施之一，但应根据企业具体的硬件设施、相关人员的现有技术水平来制定，因为对物理设备、网络的利用，本身也会增大企业发生财务风险的可能性，为此，企业也需增加人力、财力加以管理。财务风险防范成本过高，以致超过了风险防范所带来的收益，就偏离了企业财务风险防范的总体目标。

企业可以在把握以上原则的基础上，根据企业实际情况，制定具体的财务风险防范目标。比如，对于存货风险、应收账款风险的管理，企业要在风险发生以前采取各种措施，最大限度地防止风险的发生或者把风险控制到最低程度；而对于有些财务风险的发生，企业若无能为力，不能预防，就要采取措施，力求在风险发生之后把损失降低到最小，或者通过其他途径把风险损失弥补过来，或者尽可能地恢复正常的生产经营活动，缩小风险损失。

（二）财务风险分析阶段

企业财务风险分析是企业进行财务风险防范的首要环节。通过准确地发现和判断企业所面临的各种财务风险，确定风险发生的概率及损失程度，可为进行风险防范决策及选择有效的风险防范技术提供可靠的依据。财务风险分析包括财务风险识别、财务风险的估计与评价两个步骤。

1. 财务风险识别

财务风险识别（Risk Identification）是指在风险事故发生之前运用各种方法和工具，找出研究对象所面临的各种潜在风险以及风险事故可能发生的原因。对企业风险防范者来说，就是要识别在一定的市场、法律和政治环境下，企业在财务和生产经营过程中面临的所有潜在风险，以及辨认造成各种潜在损失的来源。此外，还要注意有待识别的风险，不仅包括已暴露出来的风险因素，还包括那些潜在的风险因素。一般来说，对后者的识别往往要比对前者的识别更为困难，而且通常更为重要。

风险识别是风险防范的第一步，企业只有对其所处的内外环境进行深入调查研究后，才能判断其生产经营活动及财务活动将会呈现何种状态，或者将会发生哪些风险及潜在损失。在此基础上，为下一步进行财务风险的测量、评估及实施风险控制措施提供必要的准备。对于一个企业来说，风险识别应是一项制度性和连续性的工作，是整个财务风险防范中的基础性阶段。

由于影响企业财务风险的因素众多且错综复杂，一般主要采用定性分析的方法来识别具体的财务风险。定性分析的方法主要是从定性的概念来判断企业经营过程中所面临的各种风险因素，以及这些风险因素的结构和未来发展的性质。定性分析的方法，首先采用所谓的"环境分析法"，即通过对各种客观的经营管理资料（如统计、会计、计划、总结等）和风险事故记录进行分析、归纳和整理；然后采用"类推比较"等方法，即通过感性认识和历史经验来判断，从而对风险进行识别。财务风险识别可以利用的方法和技术有很多，例如，风险清单分析法、财务报表分析法、流程图、因果图和事故树等。

通常，企业使用较多的方法是专家调查法。专家调查法是指借助专家的智慧去识别企业的风险，各领域的专家利用专业方面的理论与丰富的实践经验，找出各种潜在的风险并对其后果做出分析与估计。这种方法的优点是，在缺乏足够统计数据和原始资料的情况下，可以做出定量的估计；缺点是，易受心理因素的影响。但由于专家的视野开阔，见解独到精辟，此类方法易被企业所采用。到目前为止，专家调查法已发展到十余种，其中，以专家个人判断法、头脑风暴法与德尔菲法用途最广泛、最具代表性。

财务风险识别是财务风险防范的前提，不论企业特性如何，进行风险识别时都要关注以下几个方面：检视运营过程或管理过程的纯熟度；检视相关风险管理人员接受的训练与相关资源是否充足；注意经营业务的范围与项目，尤其是正在进行的工作与新的业务项目，如公司正对某公司进行并购，在此过程中存在的风险就应引起相关人员的特别关注。

2. 财务风险的估计与评价

企业进行财务风险防范，应在充分识别和评估风险的基础上，采取相应的控制和管理措施，维护企业的收益和安全。企业财务风险的估计与评价是在风险识别的基础上，对财务风险发生的可能性及其造成损失的程度进行估计和计算，并揭示财务风险发生的可能性和破坏程度的过程。

财务风险的估计（Measurement）与评价（Estimation）是财务风险防范的核心，它直接决定了财务风险防范有效性的高低。在现实经济活动中，企业财务风险因素是多种多样的，其发生的时间及风险损失的严重程度都具有不确定性，但通过对企业生产经营活动中大量事件的观察后发现，财务风险事件的发生呈现出某种统计规律性。在大多数情况下，这些财务风险事件服从大数定律或其他类型的数学分布。因此，可以采用数学方法及相应的财务风险管理信息系统对各类财务风险的大小进行具体量化处理，找出财务风险事件出现的各种概率，从而达到对某类财务风险因素及风险事件进行定量预测的目的。对财务风险的估计与评价有以下三种方式：

（1）根据财务指标估测。这种估测方法主要适用于可借助财务指标衡量其水平的风险资产或风险活动。在利用该方法进行财务风险水平的估测时，应依次遵循五个步骤：①选择适当的财务指标；②确定财务指标基准；③利用现有的资料对财务指标进行测算；④与财务指标基准进行比较；⑤对财务风险进行量化描述。企业筹资活动、投资活动、资金回收活动等都适合采用财务指标估测其财务风险。在实际应用中，在明确财务指标后，企业可根据历史数据和同行业水平等确定财务风险的基准水平，然后将测得数据与之对比，大致确定目前企业该项资产或财务活动可能面临的风险。

（2）概率估测法。概率估测法是指利用概率分析法，通过计算相关收益的期望值及其标准差和变异系数来衡量财务风险的方法。此方法更适用于对项目风险等的估测，不过主要是用来估测非系统风险，不能反映系统风险的大小。概率估测法的具体评价程序分为五步。

第一，预测各种可能的结果（随机变量）及其相应的概率。

第二，计算期望收益率。期望收益率是各种可能收益率按概率加权平均得到的收益率，它是反映集中趋势的一种量度。

第三，计算标准离差。标准离差是各种可能收益率偏离期望收益率的综合差异，它是反映离散程度的一种量度。

第四，计算标准离差率。标准离差率是资产收益率的标准差与期望值之比，也称为变异系数。它是一个相对指标，表示某资产每单位预期收益中所包含的风险大小。一般情况下，标准离差率越大，资产的相对风险越大；标准离差率越小，资产的相对风险越小。标准离差率指标可以用来比较预期收益率不同的资产之间的风险大小。

第五，评价。如果两个不同方案的期望收益率相同，则标准离差大者投资风险大，标准离差小者投资风险小。如果两个不同方案的期望收益率不同，则需要用标准离差率进行比较。其中，标准离差率大的项目，其财务风险相对大；标准离差率小的项目，其财务风险相对小。通过比较，企业可以选择出财务风险小的项目进行投资开发。

（3）财务诊断法。财务诊断法是指利用企业的经验数据，得到反映企业财务风险的经验模型，来对企业的财务风险情况进行诊断的方法。该方法一般选择一些比较敏感的财务指标建立预警模型来对公司面临的财务风险进行预警分析，进而进行有效的管理和化解。财务诊断方法的种类很多，如单变量分析、双变量分析等。

综上所述，风险识别和风险的估计与评价具有不同的功能，是相互独立的两个步骤，但在应用中，它们在时间上存在一定的重叠。事实上，由风险识别到风险的估计与评价，甚至再到风险控制，都是交织在一起的。有些数据分析活动是在风险识别的过程中就已经开始了，有些风险处理措施则是在风险估计与评价阶段就开始采取了。比如说，在访问某位专家的过程中，某种风险得以识别，与此同时，专家就会提出风险损失程度方面的估计，提出相应的处理建议。这两项行为一般被视为后续风险管理部分，但它们都是在风险识别过程中就发生了。

（三）财务风险控制阶段

财务风险控制是整个财务风险防范过程的重点。根据风险识别和评估的结果，企业会从众多的财务风险控制策略中选择出最佳方案，以科学有效地抑制风险损失的发生或者增加风险收益。

1. 财务风险控制的流程

财务风险控制一般包括财务风险决策和财务风险处理两个步骤。

（1）财务风险决策。财务风险决策（Risk Decision-Making）就是根据财务风险估计与评价的结果，决定企业采取何种风险控制策略的决策。财务风险决策决定了企业是用多元化方法分散风险还是将风险转移，是有效地预防风险还是进行风险回避。财务风险防范手段的选择是一种综合性的科学决策，一般不是一种风险选用一种手段，而经常是通过对各种财务风险控制技术的优化组合，来选择安全保障性大的方案。

（2）财务风险处理。企业确定了财务风险的管理策略后，便进入了最后的实施阶段。财务风险处理就是指风险防范计划的实施和风险防范效果的评价。顾名思义，风险防范计划的实施就是将具体的风险防范计划加以实施；而风险防范效果的评价是指对风险防范的技术性及经济性进行分析、检查、修正与评估。企业内外部的环境在不断变化，因此，在风险防范计划的实施过程中，应根据风险状态的变化，及时调整风险防范方案，对偏离风险防范目标的行为进行修正。

在此过程中，风险防范的效果取决于能否以最小的风险成本取得最大的安全保障。当然，财务风险的决策和处理在时间上也是无法完全分开的，财务风险防范本身就是一个动态的过程，企业正是在不断地修正中，实现对财务风险的有效管理。

2. 财务风险控制技术

财务风险控制技术体系，一般由多元化风险控制法、财务风险转移法、财务风险预防法、财务风险回避法和财务风险降低法等五种类型构成[①]。

（1）多元化风险控制法。多元化风险控制法，是指企业通过多种经营及对外投资多元

[①] 宋建波，苏子豪，王德宏. 中国特色内部控制规范体系建设的思考[J]. 会计研究，2018，(9)：11-16.

化等方式来分散财务风险。其实质是在有效分散风险的同时最大限度地获取收益,以达到最优配置资源的目的,从而实现财富最大化。从概率统计原理来看,企业中不同利润来源的利润率是独立或不完全相关的,各种利润来源在时间和空间上可以相互补充抵消,从而减少企业利润风险。企业在实务中对多元化风险控制法的应用主要体现在以下三个方面:

第一,产品生产方面。由于市场需求具有不确定性、易变性,企业为分散风险应采用多种经营方式,同时生产多种产品。在多种经营方式下,某些产品因滞销而产生的损失,可能会被其他产品带来的收益所抵消,从而可以避免因经营单一而产生的无法实现预期收益的风险。

第二,对外投资方面。企业可采用有效的多样化投资方式来达到分散投资风险和外汇风险的目的。企业应将资金投资于不同的投资品种,以达到分散投资风险的目的。一般来说,长期投资的风险大于短期投资的风险,股权投资的风险大于债权投资的风险,证券组合投资可以分散有价证券投资的非系统性风险,其投资风险低于单项证券投资的风险。当然,风险越大,可能产生的收益也越大。对外投资多元化可以在分散投资风险的情况下,实现预期的投资收益。而对于风险较大的投资项目,企业可以选择与其他企业共同投资的方法,以实现收益共享,风险共担,从而分散投资风险,避免因企业独自承担投资风险而产生的财务风险。

第三,业务结算方面。企业可采用货币组合的方式对风险进行规避。货币组合也叫"一揽子"货币保值,是指利用不同币种之间汇率的波动趋势不同(即相关程度不同),通过选择若干种货币构成货币组合,以达到在国际贸易中控制外汇风险的目的,如特别提款权法、欧洲货币单位法等。

总之,企业在突出主业和核心竞争力的前提下,可以结合自身的人力、财力、技术研制和开发能力,适度涉足多元化风险控制,以分散财务风险。

(2)财务风险转移法。财务风险转移法,是指企业通过某种手段将部分或全部财务风险转移给其他经济实体或个人承担的方法。转移风险的方式很多,可以分为保险转移和非保险转移。企业应根据不同的风险采用不同的风险转移方式。保险转移,是指转移风险本身,即对风险性资产购买财产保险,从而将该资产的风险转移给保险公司承担。保险转移是一种极其重要的风险转移机制和方法,通过参加保险,可实现完全的风险转移。非保险转移,主要是指通过风险性资产或财务活动本身的转移,以达到向他人转移风险的目的。总体来说,企业在实务中经常采用的财务风险转移方法有七种:①企业事先向保险公司交纳保金,对风险性资产或财务活动购买财产保险,从而将该资产的风险转移给保险公司承担。实施该方法时,需要企业相关人员预先对该风险性资产(财务活动)的重要性及风险发生的可能性进行估测,在风险可能带来的损失大于保金时,企业才应当为其投保。②如果企业预测到所承包的工程中某项目的风险因素较突出，那么企业可以通过将该项目转移给分包商的方式来转移这部分风险。③在对外投资时，企业可以采用联营投资方式，将投资风险部分转移给参与投资的其他企业。④对企业闲置的资产，可以采用出租或立即售出的处理方式，将资产损失的风险转移给承租方或购买方。⑤采用发行股票方式筹集资金的企业，可以选择包销方式发行，将发行失败的风险转移给承销商。⑥采用举债方式筹集资金时，企业可以与其他单位达成相互担保协议，将部分债务风险转移给担保方。⑦赊销比重较大的企业，对大宗赊销及时与债务人达成还款协议，可以转移坏账带来的财务风险。

另外，在实务中常见的风险转移方法还有国际信贷工具、远期外汇交易、货币和利率互换等，将财务风险部分或全部转移给他人承担，可以大大降低企业的财务风险。

(3) 财务风险预防法。财务风险预防法，是指在财务活动中，企业积极采取防护性措施，以专门应对风险或专门处理风险可能引起的后果，降低其对公司财务的不良影响。实务中，企业常见的财务风险预防方法有以下四种：①为降低赊销中坏账风险，加强对赊账客户的管理，对客户的信用进行调查和甄别，对应收账款的账龄进行分析，建立赊销责任制度。②设立财务风险准备金，并预先提留风险补偿资金，实行分期摊销，以此降低风险损失对企业正常生产经营的影响。③与相关企业在风险业务发生前签订保护性契约条款。④采用期权方式进行交易等。

(4) 财务风险回避法。财务风险回避法，是指企业在进行财务决策时，应综合评价各种方案可能产生的财务风险，在保证财务管理目标的前提下，选择风险较小的方案，以达到回避财务风险的目的。企业在实际操作过程中，可以分两种情况进行财务风险的回避。

第一，有备选的情况。在有备选的情况下，企业应选择财务风险较小的项目或方式。以投资方式的选择为例，一般来讲，由于长期投资风险大于短期投资风险，股权投资风险大于债权投资风险，所以，企业选择投资方式时，应从投资目的出发进行综合评价，尽可能采用风险低的债权投资和短期投资。

第二，单一选择的情况。在进行财务决策时，如果风险源唯一，企业只能做出接受或拒绝的选择，此时，对于那些具有明显的不利后果，或者难以识别和计量其风险的财务活动，企业应采取主动放弃的方法规避潜在的财务风险。例如，在融资业务中，对资信可靠度较低的对象不予受理；在投资经营活动中，对缺乏市场前景调查、产品设计存在缺陷的投资、营销计划，应予以拒绝。

当然，采用风险回避法并不是说企业不能进行风险性投资。仍然以投资方式的选择为例，如果企业投资的目的就在于影响甚至控制被投资企业，那么，企业应果断采用股权投资的方式并承担适当的投资风险，同时也应通过其他方法对由此产生的风险进行分担。

(5) 财务风险降低法。回避的作用总是相对有限的，因为任何经营活动都不可避免地伴有一定程度的财务风险。企业采取措施降低这些客观存在的财务风险，就是财务风险降低法。措施有三：①通过支付一定的代价来减少风险损失出现的可能性，或降低损失程度。②采取措施增强风险主体抵御风险损失的能力。③通过制定有关管理制度和办法来减少损失出现的可能性。

　　财务风险降低法的运用可以扩大到企业的各个财务风险领域。但企业采用财务风险降低法，必须注意经济上的可行性，即预期收益要大于或等于预期成本，否则，就不宜采用此策略。

第四章 财务分析与评价体系实践研究

企业在发展的过程中，无论是风险防范还是经营管理方面，都要通过财务分析与评价来促进其改进，因此，财务分析对于企业有着非常重要的意义。本章重点研究财务分析概述、财务能力分析体系实践、财务发展趋势分析实践、财务状况综合分析与评价实践。

第一节 财务分析概述

一、财务分析的意义

财务分析与评价是根据企业财务报表等信息资料，采用专门方法，系统地分析和评价企业的财务状况、经营成果以及未来发展趋势的过程。

财务分析以企业财务报告及其他相关资料为主要依据，对企业的财务状况和经营成果进行评价和剖析，反映企业在运营过程中的利弊得失和发展趋势，从而为改进企业财务管理工作和优化经济决策提供重要财务信息。

财务分析对不同的信息使用者具有不同的意义。具体来说，财务分析的意义体现在如下几个方面：

（1）可以判断企业的财务实力。通过对资产负债表和利润表有关资料进行分析，计算相关指标，可以了解企业的资产结构和负债水平是否合理，从而判断企业的偿债能力、营运能力及获利能力等财务实力，揭示企业在财务状况方面可能存在的问题。

（2）可以评价和考核企业的经营业绩，揭示财务活动存在的问题。通过指标的计算、分析和比较，能够评价和考核企业的盈利能力和资金周转状况，揭示其经营管理的各个方面和各个环节存在的问题，找出差距，得出分析结论。

（3）可以挖掘企业潜力，寻求提高企业经营管理水平和经济效益的途径。企业进行财务分析的目的不仅仅是发现问题，更重要的是分析问题和解决问题。通过财务分析，应保持和进一步发挥生产经营管理中成功的经验，对存在的问题应提出解决的策略和措施，以达到扬长避短、提高经营管理水平的经济效益的目的。

（4）可以评价企业的发展趋势。通过各种财务分析，可以判断企业的发展趋势，预测其生产经营的前景及偿债能力，从而为企业领导层进行生产经营决策、投资者进行投资决策和债权人进行信贷决策提供重要的依据，避免因决策错误给其带来重大的损失。

二、财务分析的内容

财务分析信息的需求者主要包括企业所有者、企业债权人、企业经营决策者和政府等。不同主体出于不同的利益考虑，对财务分析信息有着各自不同的要求。

（1）企业所有者作为投资人，关心其资本的保值和增值状况，因此较为重视企业获利能力指标，主要进行企业盈利能力分析。

（2）企业债权人因不能参与企业剩余收益分享，首先关注的是其投资的安全性，因此更重视企业偿债能力指标，主要进行企业偿债能力分析，同时也关注企业盈利能力分析。

（3）企业经营决策者必须对企业经营理财的各个方面，包括运营能力、偿债能力、获利能力及发展能力的全部信息予以详尽的了解和掌握，主要进行各方面综合分析，并关注企业财务风险和经营风险。

（4）政府兼具多重身份，既是宏观经济管理者，又是国有企业的所有者和重要的市场参与者，因此政府对企业财务分析的关注点因所具身份不同而异。

尽管不同企业的经营状况、经营规模、经营特点不同，作为运用价值形式进行的财务分析，归纳起来其分析的内容不外乎偿债能力分析、营运能力分析、获利能力分析、发展能力分析和综合能力分析等五个方面。

三、财务分析的基本方法

财务分析的方法有比较分析、因素分析、综合分析三种。这里重点分析前两种。

（一）比较分析

比较是认识事物最基本的方法，没有比较，分析就无法开始。财务分析的比较法是指对两个或以上的相关数据进行对比，以揭示差异和矛盾的一种分析方法。根据比较的参照物不同，比较分析法可分为两大类。

（1）按照比较对象分类。按照比较对象（和谁比）分类，比较分析法可以进一步分为比较趋势分析法、横向比较法以及预算差异比较法。比较趋势分析法是指与本公司历史

（不同时期，一般选取 2~10 年）指标进行比较，也称趋势分析。① 横向比较分析法是指与同类型公司进行比较，即与行业平均数或竞争对手比较，也称横向比较。预算比较分析法是指本公司与计划、预算比较，即实际结果与计划指标比较，也称预算差异分析。

（2）按照比较内容分类。按照比较内容（比什么）分类，比较分析法可以分为总量比较分析法、结构百分比比较分析法以及财务比率比较分析法。其中，总量比较分析法主要用于时间序列分析，研究发展变化趋势，有时也用于同业比较，评价公司的相对规模与竞争地位。例如总资产、净资产、净利润比较等。结构百分比比较分析法是指通过分析同一类别中局部占总体的比重变化，进而揭示重点问题以及主要形成原因的一种分析方法，例如结构百分比利润表分析等。财务比率分析法是指借助同一报表或者不同报表中两个或以上不同类别，但相互关联的指标，构造成一个比率，用以分析比较企业某一方面财务能力的方法。例如资产负债率、销售净利率等。

（二）因素分析

每一个公司都是一个有机整体，任一单个财务指标的高低都受诸多其他因素的影响与驱动。从数量上测定各因素的影响程度，可以帮助人们抓住主要矛盾，更有说服力地评价企业经营状况。因素分析法是指依据财务指标与其驱动因素之间的关系，从数量上确定各因素对指标影响程度的一种方法。在具体运用中，一般在分析某一因素变化时，假定其他因素不变，分别测定各个因素变化对分析指标影响程度的计算方法，所以又称连环替代法。

因素分析法的基本特点是：在有两个以上因素存在着相互联系的制约关系时（具体表现为构成经济指标各因素之间存在相乘或相除的关系），对于一个经济指标发生变化，为了确定各个因素的影响程度，首先要以基期指标为基础，把各个因素的基期数按照一定顺序依次地以实际数来代替，尚未代替的因素仍保持基期水平，每次代替就得出一个新结果，直到每个影响因素全部替代完为止。每次替代后的新结果与上一次替代的结果的差额，即为这一被代替因素的影响。将各因素的影响数值相加，应等于实际指标与基期指标之间的总差异。

四、财务分析的流程

财务分析的程序是指进行财务分析时所应遵循的一般章程与顺序。研究财务分析程序是进行财务分析的基础与关键，它为开展财务分析工作、掌握财务分析技术指明了方向。

---

① 严碧容，方明. 财务管理学 [M]. 杭州：浙江大学出版社，2016.

从财务分析目标与作用出发，财务分析的程序可以归纳为四个阶段10个步骤。

（一）信息搜集整理阶段

财务分析信息搜集整理阶段主要由以下三个步骤组成：

（1）明确财务分析的目的。在进行财务分析前，首先必须明确为什么要进行财务分析，是要评价企业经营业绩，是要进行投资决策，还是要制定未来经营策略？只有明确了财务分析的目的，才能正确地搜集整理信息，选择正确的分析方法，从而得出正确的结论。

（2）制订财务分析计划。在明确财务分析目的的基础上，应制订财务分析计划，包括财务分析的人员组成及分工、时间进度安排、财务分析的内容及拟采用的分析方法等。财务分析计划是财务分析顺利进行的保证。当然，这个计划并不一定要形成文件，可能只是一个草案，也可能是口头的，但没有这个计划是不行的。

（3）搜集整理财务分析信息。财务分析信息是财务分析的基础，信息搜集整理的及时性、完整性、准确性，对分析的正确性有着直接的影响。信息的搜集整理应根据分析的目的和计划进行。但这并不是说不需要经常性、一般性的信息搜集与整理。其实，只有平时日积月累各种信息，才能根据不同的分析目的及时提供所需信息。

（二）分析阶段

分析阶段主要由以下两个步骤组成：

（1）企业战略分析。企业战略分析是通过对企业所在行业或企业拟进入行业的分析，明确企业自身地位及应采取的竞争战略。企业战略分析通常包括行业分析和企业竞争策略分析。行业分析的目的在于分析行业的盈利水平与盈利潜力，因为不同行业的盈利能力和潜力大小可能是不同的。影响行业盈利能力的因素有许多，归纳起来主要可分为两类：一是行业的竞争程度；二是市场谈判或议价能力。企业战略分析的关键在于企业如何根据行业分析的结果，正确选择企业的竞争策略，使企业保持持久竞争优势和高盈利能力。企业进行竞争的策略有许许多多，最重要的竞争策略主要有两种，即低成本竞争策略和产品差异策略。企业战略分析是会计分析和财务分析的基础和导向，通过企业战略分析，分析人员能深入了解企业的经济状况和经济环境，从而能进行客观、正确的会计分析与财务分析。

（2）财务报表会计分析。会计分析的目的在于评价企业会计所反映的财务状况与经营成果的真实程度。会计分析的作用是：一方面通过对会计政策、会计方法、会计披露的评价，揭示会计信息的质量；另一方面通过对会计灵活性、会计估价的调整，修正会计数据，为财务分析奠定基础，并保证财务分析结论的可靠性。会计分析一般可按以下步骤进行：①　①阅读会计报告；②比较会计报表；③解释会计报表；④修正会计报表信息。会计分析是财务分析的基础，通过会计分析，对发现的由于会计原则、会计政策等原因引起的会计信息差异，应通过一定的方式加以说明或调整，消除会计信息的失真问题。

（三）实施阶段

财务分析的实施是在战略分析与会计分析的基础上进行的，它主要包括以下两个步骤：

（1）财务指标分析。财务指标包括绝对数指标和相对数指标两种。对财务指标进行分析，特别是进行财务比率指标分析，是财务分析的一种重要方法或形式。财务指标能准确反映某方面的财务状况。进行财务分析，应根据分析的目的和要求选择正确的分析指标。债权人要进行企业偿债能力分析，他必须选择反映偿债能力的指标或反映流动性情况的指标进行分析，如流动比率指标、速动比率指标、资产负债率指标等；而一个潜在投资者要进行对企业投资的决策分析，他则应选择反映企业盈利能力的指标进行分析，如总资产报酬率、资本收益率，以及股利报偿率和股利发放率等。正确选择与计算财务指标是正确判断与评价企业财务状况的关键所在。

（2）基本因素分析。财务分析不仅要解释现象，而且应分析原因。因素分析法就是要在报表整体分析和财务指标分析的基础上，对一些主要指标的完成情况，从其影响因素角度，深入进行定量分析。确定各因素对其的影响方向和程度，为企业正确进行财务评价提供最基本的依据。

（四）综合评价阶段

财务分析综合评价阶段是财务分析实施阶段的继续，可分为三个步骤：

（1）财务综合分析与评价。财务综合分析与评价是在应用各种财务分析方法进行分析的基础上，将定量分析结果、定性分析判断及实际调查情况结合起来，以得出财务分析结论的过程。财务分析结论是财务分析的关键步骤，结论的正确与否是判断财务分析质量的唯一标准。一个正确分析结论的得出，往往需要经过几次反复。

（2）财务预测与价值评估。财务分析既是一个财务管理循环的结束，又是另一财务管理循环的开始。应用历史或现实财务分析结果预测未来财务状况与企业价值，是现代财务分析的重要任务之一。因此，财务分析不能仅满足于事后分析原因，得出结论，而且要对

---

① 张建伟，盛振江. 现代企业管理［M］. 北京：人民邮电大学出版社，2011.

企业未来发展及价值状况进行分析与评价。

（3）财务分析报告。财务分析报告是财务分析的最后步骤。它将财务分析的基本问题、财务分析结论，以及针对问题提出的措施建议以书面的形式表示出来，为财务分析主体及财务分析报告的其他受益者提供决策依据。财务分析报告作为对财务分析工作的总结，还可作为历史信息，以供后来的财务人员分析参考，保证财务分析的连续性。

不同的人，出于不同的目的，使用不同的财务分析方法。财务分析不是一种有固定程序的工作，不存在唯一的通用分析程序，而是一个研究和探索的过程。财务分析的具体程序和步骤，应根据分析目的由分析人员个别设计。财务分析的具体步骤如下：①确定分析目标；②收集相关信息；③根据目的需要分解信息，并予以适当组织；④深入研究各部分的特殊本质；⑤深入研究各部分的联系；⑥解释结果，提供对决策有帮助的信息。

五、财务分析的弊端

财务分析对于了解企业的财务状况和经营成绩，评价企业的偿债能力和经营能力，帮助制定经济决策，有着显著的作用。但由于种种因素的影响，财务分析也存在着一定的弊端。在分析中，应注意这些弊端的影响，以保证分析结果的正确性。

（一）资料来源的弊端

（1）报表数据的时效性问题。财务报表中的数据，均是企业过去经济活动的结果和总结，将其用于预测未来的发展趋势，只有参考价值，并非绝对合理。

（2）报表数据的真实性问题。在企业形成其财务报表之前，信息提供者往往会对信息使用者所关注的财务状况以及对信息的偏好进行仔细分析与研究，并尽力满足信息使用者对企业财务状况和经营成果信息的期望。其结果极有可能使信息使用者所看到的报表信息与企业的实际状况相距甚远，从而误导信息使用者的决策。

（3）报表数据的可靠性问题。财务报表虽然是按照会计准则编制的，但不一定能准确地反映企业的客观实际。例如：报表数据未按通货膨胀进行调整；某些资产以成本计价，并不代表其现在真实价值；许多支出在记账时存在灵活性，既可以作为当期费用，也可以作为资本项目在以后年度摊销；很多资产以估计值入账，但未必正确；偶然事件可能歪曲本期的损益，不能反映盈利的正常水平。[①]

（4）报表数据的可比性问题。根据会计准则的规定，不同的企业或同一个企业的不同时期都可以根据情况采用不同的会计政策和会计处理方法，使得报表上的数据在企业的不

---

① 章萍，鲍长生. 财务管理 [M]. 上海：上海社会科学院出版社，2015.

同时期和不同企业之间的对比在很多时候失去意义。

（5）报表数据的完整性问题。由于报表本身的原因，其提供的数据是有限的。对报表使用者来说，可能不少需要的信息在报表或附注中根本找不到。

（二）财务分析方法的弊端

对于比较分析法来说，在实际操作时，比较的双方必须具备可比性才有意义。对于比率分析法来说，比率分析是针对单个指标进行分析，综合程度较低，在某些情况下无法得出令人满意的结论。比率指标的计算一般都是建立在以历史数据为基础的财务报表之上的，这使得比率指标提供的信息与决策之间的相关性大打折扣。对于因素分析法来说，在计算各因素对综合经济指标的影响时，主观假定各因素的变化顺序而且规定每次只有一个因素发生变化，这些假定往往与事实不符。并且，无论何种分析法均是对过去经济事项的反映。随着环境的变化，这些比较标准也会发生变化。而在分析时，分析者往往只注重数据的比较，而忽略经营环境的变化，这样得出的分析结论也是不全面的。

（三）财务分析指标的弊端

（1）财务指标体系不严密。每一个财务指标只能反映企业的财务状况或经营状况的某一方面，每一类指标都过分强调本身所反映的方面，导致整个指标体系不严密。

（2）财务指标所反映的情况具有相对性。在判断某个具体财务指标是好还是坏，或根据一系列指标形成对企业的综合判断时，必须注意财务指标本身所反映情况的相对性。因此，在利用财务指标进行分析时，必须掌握好对财务指标的"信任度"。

（3）财务指标的评价标准不统一。比如，对流动比率，人们一般认为指标值为2比较合理，速动比率则认为1比较合适，但许多成功企业的流动比率都低于2，不同行业的速动比率也有很大差别，如采用大量现金销售的企业，几乎没有应收账款，速动比率大大低于1是很正常的。相反，一些应收账款较多的企业，速动比率可能要大于1。因此，在不同企业之间用财务指标进行评价时没有一个统一标准，不便于不同行业间的对比。

（4）财务指标的计算口径不一致。比如，对反映企业营运能力的指标，分母的计算可用年末数，也可用平均数，而平均数的计算又有不同的方法，这些都会导致计算结果不一样，不利于评价比较。

第二节　财务能力分析体系实践

财务报表中有大量的数据，可以组成许多有意义的财务比率，这些比率涉及企业经营管理的各个方面，体现着企业的财务能力。企业的财务能力主要反映在以下三个方面：偿债能力、营运能力、盈利能力。

一、偿债能力

偿债能力是指企业偿还到期各种债务的能力。偿债能力分析是财务分析的一个重要方面，它对于债权人判断企业的财务风险、投资人分析企业的股利支付能力、企业调整资本结构、政府调控经济政策等都具有十分重要的作用。企业的偿债能力可以从短期和长期两个角度进行分析。

（一）短期偿债能力

短期偿债能力是指企业偿还流动负债的能力。而用于偿还流动负债的资产一般来源于流动资产，如果企业具有较好的现金流量，就能按期偿还债务，避免陷入财务危机。衡量短期偿债能力的指标包括流动比率、速动比率、现金比率等。其中流动比率与速动比率是衡量短期偿债能力最重要的两个指标。

（1）流动比率。流动比率是企业流动资产与流动负债之比。流动资产一般包括现金、有价证券、应收账款及存货。流动负债一般包括应付账款、应付票据、本年到期的债务、应付未付的所得税及其他未付开支。流动比率是衡量企业短期偿债能力的一个重要财务指标。这个比率越高，说明企业偿还流动负债的能力越强，流动负债得到偿还的保障越大。如果流动负债上升的速度过快，如果流动比率过低，公司近期可能会有财务方面的困难。但过高的流动比率并非好现象，应注意分析公司的具体情况，检查是否是资产结构不合理造成的，或者是募集的长期资金没有尽快投入使用，或者是别的什么原因。根据西方企业的经验，流动比率在 2 左右比较合适。

（2）速动比率。速动比率也称酸碱度测试比率，是速动资产和流动负债之比。速动资产是流动资产减去变现能力较差且不稳定的存货、预付账款、一年内到期的非流动资产和其他流动资产等后的余额。一般情况下，速动比率越高，说明企业偿还流动负债的能力越强。但速动比率过高，则表明企业会因现金及应收账款占用过多而增加企业的机会成本。通常认为正常的速动比率为 1，低于 1 的速动比率被认为是短期偿债能力偏低。

(二) 长期偿债能力

长期偿债能力是指企业偿还非流动负债的能力。反映长期偿债能力的指标包括资产负债率、已获利息倍数等。

(1) 资产负债率。资产负债率是企业负债总额与资产总额之比，也称负债比率，它反映企业的资产总额中有多少是通过举债而得到的。资产负债率反映企业偿还债务的综合能力，该比率越高，企业偿还债务的能力越差；反之，偿还债务的能力越强。

注意：在对该指标进行分析时，不能简单地从指标数值的高低进行考察。不同的人对资产负债比率取值的要求不同。比如新的贷款人喜欢公司有较低的负债率，当企业发生清偿事件时，贷款人的保障就多一些。而股东一般喜欢较高的负债率，这样可以利用财务杠杆效应增加收益。当然负债率越高，企业财务风险也越大。

(2) 产权比率和权益乘数。产权比率和权益乘数是资产负债率的另外两种表现形式，和资产负债率的性质一样。产权比率又称负债权益比率，是负债总额与股东权益总额之比。该比率反映了债权人所提供的资金与股东所提供资金的对比关系，从而揭示企业的财务风险以及股东权益对债务的保障程度。该比率越低，说明企业长期财务状况越好，债权人贷款的安全越有保障，企业风险越小。权益乘数是总资产与股东权益之比。

产权比率表明每1元股东权益借入的债务额度，权益乘数表示每1元股东权益拥有的资产额度，它们是两种常用的财务杠杆比率。财务杠杆即表明债务多少，与偿债能力有关。财务杠杆影响总资产净利率和权益净利率之间的关系，还表明权益净利率的风险高低，与盈利能力有关。

(3) 已获利息倍数（利息保障倍数）。利息保障倍数是税前利润加利息支出之和（即息税前利润）与利息支出的比值，反映了企业用经营所得支付债务利息的能力。该比率越高，说明企业用经营所得支付债务利息的能力越强，它会增强贷款人对公司支付能力的信任程度。

二、营运能力

营运能力，也称资产管理能力。营运能力分析用来分析企业的资产管理水平。存货的积压状况、应收账款的回收天数、资产结构是否合理等，都可以用营运能力的比率做出分析判断。按照企业的资产构成，与销售收入相关的资产主要包括流动资产和固定资产。因此，在实务中，营运能力分析主要是通过计算应收账款周转率、存货周转率、流动资产周转率、固定资产周转率和总资产周转率五项指标进行分析。

(1) 应收账款周转率。应收账款周转率是反映年度内应收账款转换为现金的平均次数的指标。用时间表示的应收账款周转速度是应收账款周转天数,也称为平均应收款回收期,它表示企业从取得应收账款的权利到收回款项所需要的时间。其中,应收账款包括会计核算中"应收账款"和"应收票据"等全部赊销账款。一般而言,应收账款周转率越高,应收账款周转天数越短,说明应收账款的收回越快,可以减少坏账损失。但该指标不适合季节性经营的企业。应收账款周转天数同时还考察了企业的信用管理能力。如果与行业平均值偏离过大,应考虑公司的信用政策是否合理,或是否还有其他原因。

(2) 存货周转率。存货周转率是衡量和评价企业购入存货、投入生产、销售收回等各环节管理状况的综合性指标。它是销售成本被平均存货所除而得到的比率,又称存货的周转次数。用时间表示的存货周转率就是存货周转天数。存货周转速度的快慢对企业的偿债能力及其获利能力产生决定性的影响。一般来讲,存货周转率越高越好。存货周转率越高,表明存货变现的速度越快,周转额越大,资金占用水平越低。

(3) 流动资产周转率。流动资产周转率是销售收入与流动资产平均余额之比,它反映的是全部流动资产的利用效率。

(4) 固定资产周转率。固定资产周转率是企业销售收入与平均固定资产净值之比。该比率越高,说明固定资产的利用率越高,管理水平越好。固定资产周转率是用来考察设备厂房利用情况的。当固定资产周转率处于较低水平时,反映固定资产利用得不够,需要分析固定资产没有充分利用的原因。通常计划新的固定资产投资时,财务管理人员需要分析现有固定资产是否已被充分利用。如果公司的固定资产周转率远高于行业平均值,有可能是需要增加固定资产投资的信号。一般情况下,固定资产周转率越高,表明企业固定资产利用越充分。

(5) 总资产周转率。总资产周转率是企业销售收入与平均资产总额之比。可以用来分析企业全部资产的使用效率。如果该比率较低,企业应采取措施提高销售收入或处置资产,以提高总资产利用率。如果公司的总资产利用率较低,说明企业的资产利用不充分。若公司有闲置资产,则应设法变卖,若公司在建工程未完工,则占用的资产暂时不能带来效益,这一点在分析时应注意。

三、盈利能力

通常,一个企业的盈利能力往往是以企业赚取利润的能力来进行衡量的,这里的利润指会计方法确认的利润。但以会计方法确认的利润来评价企业的盈利能力有一定的局限性。从经济意义的角度来说,企业具有较强的盈利能力应是企业的收益率大于投资人自己能从资本市场上赚取利润的收益率。但这并不可否认企业可以根据会计方法对其当期盈利能力进行判断。反映盈利能力的指标主要有营业利润率、资产利润率、权益净利率等。

（1）营业利润率。营业利润率反映了企业的营业利润与营业收入的比例关系。营业利润率越高，表明企业市场竞争力越强，发展潜力越大，获利能力越强。

（2）资产利润率。总资产报酬率也称资产利润率或资产收益率，是企业在一定时期内的净利润与平均资产总额之比。该比率用来衡量企业利用资产获取利润的能力，反映了企业总资产的利用效率。如果企业的资产报酬率较低，说明该企业资产利用效率较低，经营管理存在问题。

（3）权益净利率。股东权益报酬率也称净资产收益率，是在一定时期内企业的净利润与平均股东权益总额之比。该比率是评价企业获利能力的一个重要财务指标，反映了企业股东获取投资报酬的高低。该比率越高，说明企业的获利能力越强。

四、上市公司财务指标

上市公司不同于一般企业，外部报表使用者要求上市公司披露更多的信息，以便投资者和债权人等能根据对财务报表资料的分析做出自己的判断。按照我国上市公司信息披露的有关规定，对于上市公司来说，最重要的财务指标是每股收益、每股净资产和净资产收益率。证券信息机构要定期公布按以上三项指标排序的上市公司排行榜。由此可见，对上市公司而言，其财务指标更应引起关注。

（一）每股收益的计算

每股收益是综合反映企业获利能力的重要指标，可以用来判断和评价管理层的经营业绩。

（1）基本每股收益。基本每股收益的计算公式为：

$$基本每股收益 = \frac{归属于公司普通股股东的净利润}{发行在外的普通股加权平均数}$$

（2）稀释每股收益。企业存在稀释性潜在普通股的，应当计算稀释每股收益。潜在普通股主要包括可转换公司债券、认股权证和股份期权等。

第一，可转换公司债券。对于可转换公司债券，计算稀释每股收益时，分子的调整项目为可转换公司债券当期已确认为费用的利息等的税后影响额；分母的调整项目为假定可转换公司债券当期期初或发行日转换为普通股的股数加权平均数。

第二，认股权证和股份期权。认股权证、股份期权等的行权价格低于当期普通股平均市场价格时，应当考虑其稀释性。

计算稀释每股收益时，作为分子的净利润金额一般不变；分母的调整项目为增加的普通股股数，同时还应考虑时间权数。

行权价格和拟行权时转换的普通股股数,按照有关认股权证合同和股份期权合约确定。公式中的当期普通股平均市场价格通常按照每周或每月具有代表性的股票交易价格进行简单算术平均计算。在股票价格比较平稳的情况下,可以采用每周或每月股票的收盘价作为代表性价格;在股票价格波动较大的情况下,可以采用每周或每月股票最高价与最低价的平均值作为代表性价格。无论采用何种方法计算平均市场价格,一经确定,不得随意变更,除非有确凿证据表明原计算方法不再适用。当期发行认股权证或股份期权的,普通股平均市场价格应当自认股权证或股份期权的发行日起计算。

在分析每股收益指标时,应注意企业利用回购库存股的方式减少发行在外的普通股股数,使每股收益简单增加。另外,如果企业将盈利用于派发股票股利或配售股票,就会使企业流通在外的股票数量增加,这样将会大量稀释每股收益。在分析上市公司公布的信息时,投资者应注意区分公布的每股收益是按原始股股数还是按完全稀释后的股份计算规则计算的,以免受到误导。

对投资者来说,每股收益是一个综合性的盈利概念,能比较恰当地说明收益的增长或减少。人们一般将每股收益视为企业能否成功地达到其利润目标的计量标志,也可以将其看成一家企业管理效率、盈利能力和股利来源的标志。

每股收益这一财务指标在不同行业、不同规模的上市公司之间具有相当大的可比性,因而在各上市公司之间的业绩比较中被广泛地引用。此指标越大,盈利能力越好,股利分配来源越充足,资产增值能力越强。

(二) 每股股利的计算

每股股利是企业股利总额与企业流通股数的比值。每股股利反映的是上市公司每一普通股获取股利的大小。每股股利越大,则企业股本获利能力就越强;每股股利越小,则企业股本获利能力就越弱。但须注意,上市公司每股股利发放多少,除了受上市公司获利能力大小影响以外,还取决于企业的股利发放政策。如果企业为了增强企业发展后劲而增加企业的公积金,则当前的每股股利必然会减少;反之,则当前的每股股利会增加。

反映每股股利和每股收益之间关系的一个重要指标是股利发放率,即每股股利分配额与当期的每股收益之比。借助于该指标,投资者可以了解一家上市公司的股利发放政策。

(三) 市盈率的计算

市盈率是股票每股市价与每股收益的比率。一方面,市盈率越高,意味着企业未来成长的潜力越大,也即投资者对该股票的评价越高,反之,投资者对该股票评价越低。另一方面,市盈率越高,说明投资于该股票的风险越大;市盈率越低,说明投资于该股票的风险越小。

影响企业股票市盈率的因素有：①上市公司盈利能力的成长性。如果上市公司预期盈利能力不断提高，说明企业具有较好的成长性，虽然目前市盈率较高，也值得投资者进行投资。②投资者所获取报酬率的稳定性。如果上市公司经营效益良好且相对稳定，则投资者获取的收益也较高且稳定，投资者就愿意持有该企业的股票，则该企业的股票市盈率会由于众多投资者的普遍看好而相应提高。③市盈率也受到利率水平变动的影响。当市场利率水平变化时，市盈率也应作相应的调整。所以，上市公司的市盈率一直是广大股票投资者进行中长期投资的重要决策指标。对于因送红股、公积金转增资本、配股造成股本总数比上一年年末数增加的公司，其每股税后利润按变动后的股本总数予以相应的摊薄。

（四）每股净资产的计算

每股净资产，又称每股账面价值，是指企业净资产与发行在外的普通股股数之间的比率。每股净资产显示了发行在外的每一普通股股份所能分配的企业账面净资产的价值。这里所说的账面净资产是指企业账面上的总资产减去负债后的余额，即股东权益总额。每股净资产指标反映了在会计期末每一股份在企业账面上到底值多少钱，它与股票面值、发行价值、市场价值乃至清算价值等往往有较大差距。

利用该指标进行横向和纵向对比，可以衡量上市公司股票的投资价值。如在企业性质相同、股票市价相近的条件下，某一企业股票的每股净资产越高，则企业发展潜力与其股票的投资价值越大，投资者所承担的投资风险越小。但是也不能一概而论，在市场投机气氛较浓的情况下，每股净资产指标往往不太受重视。投资者，特别是短线投资者注重股票市价的变动，有的企业的股票市价低于其账面价值，投资者会认为这个企业没有前景，从而失去对该企业股票的兴趣；如果市价高于其账面价值，而且差距较大，投资者会认为企业前景良好，有潜力，因而甘愿承担较大的风险购进该企业股票。

净资产代表的是全体股东共同享有的权益，是股东拥有公司财产和公司投资价值最基本的体现，它可以用来反映企业的内在价值。一般来说，市净率较低的股票，投资价值较高；反之，则投资价值较低。但有时较低市净率反映的可能是投资者对公司前景的不良预期，而较高市净率则相反。因此，在判断某只股票的投资价值时，还要综合考虑当时的市场环境以及公司经营情况、资产质量和盈利能力等因素。

第三节　财务发展趋势分析实践

趋势分析法又称时间序列分析法，是通过比较企业连续数期的会计报表，运用动态数值表现各个时期的变化，揭示其发展趋势与规律的分析方法。企业的经济现象是复杂的，受多方面因素变化的影响。如果仅从某一时期或某一时点，将很难看清它的发展趋势和规律，因此必须把连续数期的数据按时期或时点的先后顺序整理为时间序列，运用统计学时间序列分析的方法，建立预测模型，对现象进行发展趋势的预测和分析，以认识现象的长时间变化规律。趋势分析法所采用的具体数学方法有多种，如算数平均、加权平均、移动加权平均、平滑指数等。

一、算术平均

算术平均法是将过去若干期的某一指标的实际发生数据的算术平均数作为计划期这一指标的预计数的预测方法。这种方法通过计算平均数，剔除了偶发因素的影响。这种方法的优点是计算简单，缺点是没有考虑时间序列的变动趋势，即无法体现近期变动趋势对预测期的影响程度，因而预测值与实际销售量将会产生较大误差，所以只适用于预测销售量较稳定的产品。

二、移动加权平均

移动加权平均法是先按照过去若干期指标值距离计划期的远近分别设置不同的权重值，然后以各期指标值的加权平均值作为计划期指标值的预测数据的一种预测方法。采用这个方法，由于一般近期权重值较大，远期权重值较小，因此克服了算术平均法的缺点。所谓的"移动"是指所采用的历史资料需随时间的推移而往后移动。例如，预测7月份的指标值，采用4、5、6月份的指标值资料；预测8月份的指标值，就采用5、6、7月份的指标值资料，以此类推。为计算方便，一般总权重值之和为1。[①]

移动加权平均法考虑近期销售量的发展趋势，而且按照预测期的远近分别设置权重值，消除了各个月份销售差异的平均化，所以预测结果的准确性大大提高了。

[①] 刘春化，刘静中. 财务管理（第四版）[M]. 大连：大连出版社，2017.

三、平滑指数

平滑指数法是指在预测某一财务指标的未来趋势值时导入平滑指数计算预测值的分析方法。平滑指数的实质是一个带有经验值的加权因子,取值范围一般为 0.3~0.7。

平滑指数法可以消除实际销售中所包含的偶然因素的影响,但是平滑指数的确定难免带有一定的主观因素。平滑指数越大,则近期实际数对预测结果的影响就越大;反之,平滑指数越小,则近期实际数对预测结果的影响就越小。因此,可以选取较大的平滑指数以凸显近期实际数对预测值的影响,或者选取较小的平滑指数,以凸显指标值的长期变动趋势。

第四节 财务状况综合分析与评价实践

财务分析的最终目的在于全面、准确、客观地揭示与披露企业财务状况和经营情况,并借以对企业经济效益优劣做出合理的评价。显然,要达到这样一个分析目的,仅仅测算几个简单、孤立的财务比率,或者将一些孤立的财务分析指标堆砌在一起,彼此毫无联系地考察,是不可能得出合理、正确的综合性结论的,有时甚至会得出错误的结论。因此,只有将企业偿债能力、营运能力、投资收益实现能力以及发展趋势等各项分析指标有机地联系起来,作为一套完整的体系,相互配合使用,做出系统的综合评价,才能从总体意义上把握企业财务状况和经营情况的优劣。

综合分析法是把有关财务指标和影响财务状况的各种因素有序地排列在一起,综合分析各因素对企业财务状况和经营成果影响的利弊,从而对企业财务状况做出全面、系统的评价的分析方法。综合分析法主要有杜邦分析体系、沃尔评分法、雷达图法等。

综合分析的意义在于能够全面、正确地评价企业的财务状况和经营成果,因为局部不能替代整体,某项指标的好坏不能说明整个企业经济效益的高低。除此之外,综合分析的结果在进行企业不同时期比较分析和不同企业之间比较分析时消除了时间上和空间上的差异,使之更具有可比性,有利于总结经验、吸取教训、发现差距、赶超先进,进而可以从整体上、本质上反映和把握企业生产经营的财务状况和经营成果。

一、企业综合绩效分析

企业综合绩效分析方法有很多,传统方法主要有杜邦的分析方法和沃尔的评分方法等。

（一）杜邦的分析方法

杜邦的分析方法，又称杜邦财务分析体系，简称杜邦体系，是利用各主要财务比率指标间的内在联系，对企业财务状况及经济效益进行综合系统分析评价的方法。该体系是以净资产收益率为起点，以总资产净利率和权益乘数为核心，重点揭示企业获利能力及权益乘数对净资产收益率的影响，以及各相关指标间的相互影响作用关系。因其最初由美国杜邦公司成功应用，故得名。[①]

杜邦分析法的分析关系式为：

$$净资产收益率 = 销售净利率 \times 总资产周转率 \times 权益乘数$$

运用杜邦分析法需要注意以下几点：

（1）净资产收益率是一个综合性最强的财务分析指标，是杜邦分析体系的起点。财务管理的目标之一是使股东财富最大化，净资产收益率反映了企业所有者投入资本的获利能力，说明了企业筹资、投资、资产营运等各项财务及其管理活动的效率，而不断提高净资产收益率是使所有者权益最大化的基本保证。所以，这一财务分析指标是企业所有者、经营者都十分关心的。而净资产收益率高低的决定因素主要有三个，即销售净利率、总资产周转率和权益乘数。这样，在进行分解之后，就可以将净资产收益率这一综合性指标升降变化的原因具体化，从而它比只用一项综合性指标更能说明问题。

（2）有关资产、负债与权益指标通常用平均值计算。

（3）销售净利率反映了企业净利润与销售收入的关系，它的高低取决于销售收入与成本总额的高低。要想提高销售净利率，一是要扩大销售收入，二是要降低成本费用。扩大销售收入既有利于提高销售净利率，又有利于提高总资产周转率。降低成本费用是提高销售净利率的一个重要因素，成本费用的基本结构是否合理，从而找出降低成本费用的途径和加强成本费用控制的办法。如果企业财务费用支出过高，就要进一步分析其负债比率是否过高；如果管理费用过高，就要进一步分析公司资金周转情况等。提高销售净利率的另一途径是提高其他利润。为了详细地了解企业成本费用的发生情况，在具体列示成本总额时，还可根据重要性原则，将那些影响较大的费用单独列示，以便为寻求降低成本的途径提供依据。

（4）影响总资产周转率的一个重要因素是资产总额。资产总额由流动资产与长期资产组成，它们的结构合理与否将直接影响资产的周转速度。一般来说，流动资产直接体现企业的偿债能力和变现能力，而长期资产则体现了企业的经营规模、发展潜力。两者之间应

---

① 丁春慧，易伦. 财务管理［M］. 南京：南京大学出版社，2015.

该有一个合理的比例关系。如果发现某项资产比重过大，影响资金周转，就应深入分析其原因，例如企业持有的货币资金超过业务需要，就会影响企业的盈利能力；如果企业占有过多的存货和应收账款，则既会影响获利能力，又会影响偿债能力。因此，还应进一步分析各项资产的占用数额和周转速度。

（5）权益乘数主要受资产负债率指标的影响。资产负债率越高，权益乘数就越高，说明企业的负债程度比较高，给企业带来了较多的杠杆利益，同时，也带来了较大的风险。

（二）沃尔的评分方法

企业财务综合分析的先驱者之一是亚历山大·沃尔。他在 20 世纪初出版的《信用晴雨表研究》和《财务报表比率分析》中提出了信用能力指数的概念。他把若干个财务比率用线性关系结合起来，以此来评价企业的信用水平，被称为沃尔评分法。他选择七种财务比率，分别给定其在总评价中所占的比重；然后，确定标准比率，并与实际比率相比较，评出每项指标的得分，求出总评分。[①]

从理论上讲，沃尔评分法有一个弱点，就是未能证明为什么要选择这七个指标，而不是更多些或少些，或者选择别的财务比率，以及未能证明每个指标所占比重的合理性。沃尔的分析法从技术上讲有一个问题，就是当某一个指标严重异常时，会对综合指数产生不合逻辑的重大影响。这个缺陷是由相对比率与比重相"乘"而引起的。财务比率提高一倍，其综合指数增加 100%；而财务比率减小一半，其综合指数只减少 50%。

现代社会与沃尔的时代相比，已有很大的变化。一般认为企业财务评价的内容首先是盈利能力，其次是偿债能力，再次是成长能力，它们之间大致可按 5：3：2 的比重来分配。盈利能力的主要指标是总资产报酬率、销售净利率和净资产收益率，这三个指标可按 2：2：1 的比重来安排。偿债能力有四个常用指标。成长能力有三个常用指标（都是本年增量与上年实际量的比值）。假定 100 分为总评分。

二、企业综合绩效评价

综合绩效评价是综合分析的一种，一般是站在企业所有者（投资人）的角度进行的。综合绩效评价是指运用数理统计和运筹学的方法，通过建立综合评价指标体系，对照相应的评价标准，定量分析与定性分析相结合，对企业一定经营期间的盈利能力、资产质量、债务风险以及经营增长等经营业绩和努力程度等各方面进行的综合评判。

科学地评价企业绩效，可以为出资人行使经营者的选择权提供重要依据，可以有效地

---

① 钟爱军，邹丹. 财务预测、回归分析与 Excel 建模 [J]. 襄阳职业技术学院学报，2018，17（03）：84-86.

加强对企业经营者的监管和约束，可以为有效激励企业经营者提供可靠依据，还可以为政府有关部门、债权人、企业职工等利益相关方提供有效的信息支持。

（一）企业综合绩效评价的主要内容

企业综合绩效评价由财务绩效定量评价和管理绩效定性评价两部分组成。

1. 财务绩效定量评价

财务绩效定量评价是指对企业一定期间的盈利能力、资产质量、债务风险和经营增长四个方面进行定量对比分析和评判。

（1）企业盈利能力分析与评判主要通过资本及资产报酬水平、成本费用控制水平和经营现金流量状况等方面的财务指标，综合反映企业的投入产出水平以及盈利质量和现金保障状况。

（2）企业资产质量分析与评判主要通过资产周转速度、资产运行状态、资产结构以及资产有效性等方面的财务指标，综合反映企业所占用经济资源的利用效率、资产管理水平与资产的安全性。

（3）企业债务风险分析与评判主要通过债务负担水平、资产负债结构、或有负债情况、现金偿债能力等方面的财务指标，综合反映企业的债务水平、偿债能力及其面临的债务风险。

（4）企业经营增长分析与评判主要通过销售增长、资本积累、效益变化以及技术投入等方面的财务指标，综合反映企业的经营增长水平及发展后劲。

2. 绩效定性评价管理

绩效定性评价管理是指在企业财务绩效定量评价的基础上，通过采取专家评议的方式，对企业一定期间的经营管理水平进行定性分析与综合评判。绩效定性评价管理指标包括企业发展战略的确立与执行、经营决策、发展创新、风险控制、基础管理、人力资源、行业影响、社会贡献等方面。

（二）企业综合绩效评价指标的组成

企业综合绩效评价指标由22个财务绩效定量评价指标和8个管理绩效定性评价指标组成。

1. 财务绩效定量评价指标构成

财务绩效定量评价指标由反映企业盈利能力、资产质量状况、债务风险状况和经营增长状况等四方面的基本指标和修正指标构成。其中，基本指标反映企业一定期间财务绩效的主要方面，并得出财务绩效定量评价的基本结果。修正指标是根据财务指标的差异性和互补性，对基本指标的评价结果做进一步的补充和矫正。

（1）企业盈利能力状况以净资产收益率、总资产报酬率两个基本指标和销售（营业）利润率、利润现金保障倍数、成本费用利润率、资本收益率四个修正指标进行评价，主要反映企业在一定经营期间的投入产出水平和盈利质量。

（2）企业资产质量状况以总资产周转率、应收账款周转率两个基本指标和不良资产比率、流动资产周转率、资产现金回收率三个修正指标进行评价，主要反映企业所占用经济资源的利用效率、资产管理水平与资产的安全性。

（3）企业债务风险状况以资产负债率、已获利息倍数两个基本指标和速动比率、现金流动负债比率、带息负债比率、或有负债比率四个修正指标进行评价，主要反映企业的债务负担水平、偿债能力及其面临的债务风险。

（4）企业经营增长状况以销售（营业）增长率、资本保值增值率两个基本指标和销售（营业）利润增长率、总资产增长率、技术投入比率三个修正指标进行评价，主要反映企业的经营增长水平、资本增值状况及发展后劲。

2. 绩效定性评价管理指标构成

企业管理绩效定性评价指标包括战略管理、发展创新、经营决策、风险控制、基础管理、人力资源、行业影响、社会贡献等八个方面的指标，主要反映企业在一定经营期间所采取的各项管理措施及其管理成效。

（1）战略管理评价主要反映企业所制定战略规划的科学性，战略规划是否符合企业实际，员工对战略规划的认知程度，战略规划的保障措施及其执行力，以及战略规划的实施效果等方面的情况。

（2）发展创新评价主要反映企业在经营管理创新、工艺革新、技术改造、新产品开发、品牌培育、市场拓展、专利申请及核心技术研发等方面的措施及成效。

（3）经营决策评价主要反映企业在决策管理、决策程序、决策方法、决策执行、决策监督、责任追究等方面采取的措施及实施效果，重点反映企业是否存在重大经营决策失误。

（4）风险控制评价主要反映企业在财务风险、市场风险、技术风险、管理风险、信用风险和道德风险等方面的管理与控制措施及效果，包括风险控制标准、风险评估程序、风险防范与化解措施等。

（5）基础管理评价主要反映企业在制度建设、内部控制、重大事项管理、信息化建设、标准化管理等方面的情况，包括财务管理、对外投资、采购与销售、存货管理、质量管理、安全管理、法律事务等。

（6）人力资源评价主要反映企业人才结构、人才培养、人才引进、人才储备、人事调配、员工绩效管理、分配与激励、企业文化建设、员工工作热情等方面的情况。

（7）行业影响评价主要反映企业主管业务的市场占有率、对国民经济及区域经济的影响与带动力、主要产品的市场认可程度、是否具有核心竞争能力以及产业引导能力等方面的情况。

（8）社会贡献评价主要反映企业在资源节约、环境保护、吸纳就业、工资福利、安全生产、上缴税收、商业诚信、和谐社会建设等方面的贡献程度和社会责任的履行情况。

（三）企业综合绩效评价标准

综合绩效评价标准分为财务绩效定量评价标准和绩效定性评价管理标准。

（1）财务绩效定量评价标准。财务绩效定量评价标准包括国内行业标准和国际行业标准。国内行业标准根据国内企业年度财务和经营管理统计数据，运用数理统计方法，分年度、分行业、分规模统一测算。国际行业标准根据居于行业国际领先地位的大型企业相关财务指标实际值，或者根据同类型企业组相关财务指标的先进值，在剔除会计核算差异后统一测算。其中，财务绩效定量评价标准的行业分类，按照国家统一颁布的国民经济行业分类标准结合企业实际情况进行划分。

财务绩效定量评价标准按照不同行业、不同规模及指标类别，划分为优秀（A）、良好（B）、平均（C）、较低（D）、较差（E）五个档次，对应五档评价标准的标准系数分别为1.0、0.8、0.6、0.4、0.2，较差（E）以下为0。

（2）绩效定性评价管理标准。管理绩效定性评价标准分为优（A）、良（B）、中（C）、低（D）、差（E）五个档次。对应五档评价标准的标准系数分别为1.0、0.8、0.6、0.4、0.2，较差（E）以下为0。

绩效定性评价管理标准具有行业普遍性和一般性，在进行评价时，应当根据不同行业的经营特点，灵活把握个别指标的标准尺度。对于定性评价标准没有列示，但对被评价企业经营绩效产生重要影响的因素，在评价时也应予考虑。

（四）企业综合绩效评价流程

1. 财务绩效评价流程

财务绩效定量评价工作具体包括提取评价基础数据、基础数据调整、评价计分、形成评价结果等内容。

（1）提取评价基础数据。社会中介机构或内部审计机构审计并经评价组织机构核实确认的企业年度财务会计报表为基础提取评价基础数据。

（2）基础数据调整。为客观、公正地评价企业经营绩效，对评价基础数据进行调整。

(3) 评价计分。根据调整后的评价基础数据，对照相关年度的行业评价标准值，利用绩效评价软件或手工评价计分。

(4) 形成评价结果。对任期财务绩效评价需要计算任期内平均财务绩效评价分数，并计算绩效改进度；对年度财务绩效评价除计算年度绩效改进度外，需要对定量评价得分深入分析，诊断企业经营管理存在的薄弱环节，并在财务决策批复中提示有关问题，同时进行所监管企业的分配排序分析，在一定范围内发布评价结果。

2. 绩效评价管理流程

管理绩效定性评价工作具体包括收集整理绩效评价资料、聘请咨询专家、召开专家评议会、形成定性评价结论等内容。

(1) 收集整理管理绩效评价资料。为了深入了解被评价企业的管理绩效状况，应当通过问卷调查、访谈等方式，充分收集并认真整理管理绩效评价的有关资料。

(2) 聘请咨询专家。根据所评价企业的行业情况，聘请不少于7名的管理绩效评价咨询专家，组成专家咨询组，并将被评价企业的有关资料提前送达咨询专家。

(3) 召开专家评议会。组织咨询专家对企业的管理绩效指标进行评议打分。

(4) 形成定性评价结论。汇总管理绩效定性评价指标得分，形成定性评价结论。

（五）企业综合绩效评分

(1) 财务绩效评分有基本指标计分和修正指标计分。①基本指标计分。财务绩效定量评价基本指标计分是按照功效系数法计分原理，将评价指标实际值对照行业评价标准值，按照规定的计分公式计算各项基本指标得分。本档标准值是指上下两档标准值居于较低等级一档。②修正指标计分。财务绩效定量评价修正指标计分是在基本指标计分结果的基础上，运用功效系数法原理，分别计算盈利能力、资产质量、债务风险和经营增长四个部分的综合修正系数，再据此计算出修正后的分数。

(2) 管理绩效评价计分。管理绩效定性评价指标的计分一般通过专家评议打分形式完成，聘请的专家应不少于7名；评议专家应当在充分了解企业管理绩效状况的基础上，对照评价参考标准，采取综合分析判断法，对企业管理绩效指标做出分析评议，评判各项指标所处的水平档次，并直接给出评价分数。

(3) 综合绩效评价计分。在得出财务绩效定量评价分数和管理绩效定性评价分数后，应当按照规定的权重，耦合形成综合绩效评价分数。在得出评价分数以后，应当计算年度之间的绩效改进度，以反映企业年度之间经营绩效的变化状况。绩效改进度大于1，说明经营绩效上升；绩效改进度小于1，说明经营绩效下滑。

（六）企业综合绩效评价结果表示

企业综合绩效评价结果以评价得分、评价类型和评价级别表示。

评价类型是根据评价分数对企业综合绩效所划分的水平档次，用文字和字母表示，分为优（A）、良（B）、中（C）、低（D）、差（E）五种类型。

评价级别是对每种类型再划分级次，以体现同一评价类型的不同差异，采用在字母后标注"+、-"号的方式表示。

企业综合绩效评价结果以85、70、50、40分作为类型判定的分数线。

（1）评价得分达到85分以上（含85分）的评价类型为优（A），在此基础上划分为三个级别，分别为：A++≥95分；95分>A+≥90分；90分>A≥85分。

（2）评价得分达到70分以上（含70分）不足85分的评价类型为良（B），在此基础上划分为三个级别，分别为：85分>B+≥80分；80分>B≥75分，75分>B-≥70分。

（3）评价得分达到50分以上（含50分）不足70分的评价类型为中（C），在此基础上划分为两个级别，分别为：70分>C≥60分；60分>C-≥50分。

（4）评价得分在40分以上（含40分）不足50分的评价类型为低（D）。

（5）评价得分在40分以下的评价类型为差（E）。

第五章 财务预测方法与预算管理应用技能培养

随着时代的进步和社会经济的发展，特别是市场经济体制的确立和完善，促使企业在发展过程中面临的竞争日趋激烈，越来越多的企业认识到了财务预测与预算管理在发展中的重要性。本章重点探讨财务预测与预算的基础方法、增长率的预测与资金需求、预计财务报表的编制技能、财务预算与营业预算的编制技能、各类财务报表的编制。

第一节 财务预测与预算的基础方法

一、财务预测的基本方法

狭义的财务预测是指估计企业未来的融资需求，广义的财务预测包括编制全部的预计财务报表。

财务预测是融资计划的前提。企业要对外提供产品和服务，必须要有一定的资产。为取得扩大销售所需增加的资产，企业要筹措资金。企业需要预先知道自己的财务需求，提前安排融资计划，否则就可能发生资金周转问题。

财务预测有助于改善投资决策。根据销售前景估计出的融资需要不一定总能满足，因此，就需要根据可能筹措到的资金来安排销售增长以及有关的投资项目，使投资决策建立在可行的基础上。

预测的真正目的是有助于应变。预测可以提高企业对不确定事件的反应能力，从而减少不利事件出现带来的损失，增加利用有利机会带来的收益。

（一）因素分析法（分析调整法）

因素分析法又称分析调整法，是以有关项目基期年度的平均资金需要量为基础，根据预测年度的生产经营任务和资金周转加速的要求，进行分析调整，来预测资金需要量的一种方法。

资金需要量=（基期资金平均占用额-不合理资金占用额）×（1±预测期销售增减率）×（1±预测期资金周转速度变动率）

这种方法计算简便，容易掌握，但预测结果不太精确。它通常用于品种繁多、规格复杂、资金用量较小的项目。

（二）销售百分比法

销售百分比法是指以资金与销售额的比率为基础，预测未来资金需要量的方法。

（1）销售百分比法的前提。①企业的部分资产和负债与销售额同比例变化；②企业各项资产、负债与所有者权益结构已达到最优。

（2）销售百分比法的步骤。①确定随销售额变动而变动的资产和负债项目；②计算变动性项目的销售百分比；③确定需要增加的资金数额；④确定对外筹资数额。

销售百分比法的优点：能为筹资管理提供短期预计的财务报表，以适应外部筹资的需要，且易于使用。但在有关因素发生变动的情况下，必须相应地调整原有的销售百分比。

（三）资金习性预测法

资金习性预测法，是指根据资金习性预测未来资金需要量的一种方法。所谓资金习性，是指资金的变动同产销量变动之间的依存关系。按照资金同产销量之间的依存关系，可以把资金区分为不变资金、变动资金和半变动资金。

其一，不变资金是指在一定的产销量范围内，不受产销量变动的影响而保持固定不变的那部分资金。也就是说，产销量在一定范围内变动，这部分资金保持不变。这部分资金包括：为维持营业而占用的最低数额的现金，原材料的保险储备，必要的成品储备，厂房、机器设备等固定资产占用的资金。

其二，变动资金是指随产销量的变动而同比例变动的那部分资金。它一般包括直接构成产品实体的原材料、外购件等占用的资金。另外，在最低储备以外的现金、存货、应收账款等也具有变动资金的性质。

其三，半变动资金是指虽然受产销量变化的影响，但不成同比例变动的资金，如一些辅助材料上占用的资金。半变动资金可采用下列的方法划分为不变资金和变动资金两部分。

（1）高低点法。高低点法是指根据企业一定期间资金占用的历史资料，按照资金习性原理，选用最高点业务量和最低点业务量的资料，从而推测资金发展趋势的方法。高低点法的主要优点是简便，其缺点是只考虑高点和低点两组数据，代表性差，比较粗糙。

(2) 回归直线法。回归直线法是根据若干期业务量和资金占用的历史资料，运用最小平方法原理计算不变资金和单位销售额的变动资金的一种资金习性分析方法。回归直线法比较科学，精确度高，但是计算繁杂。

（四）计算机预测法

对于大型企业来说，上述分析法都过于简化。实际上影响融资需求的变量很多，如产品组合、信用政策、价格政策等。把这些变量纳入预测模型后，计算量大增，手工处理很难胜任，若使用计算机完成则相对简单。

（1）最简单的计算机财务预测，是使用"电子表软件"，如 Excel。使用电子表软件时，计算过程和手工预测几乎没有差别，相比之下，预测期间如果是几年或者要分月预测时，计算机要比手工快得多；如果改变一个输入参数，软件能自动重新计算所有预测数据。

（2）比较复杂的预测是使用交互式财务规划模型，它比电子表软件功能更强，主要好处是能通过"人机对话"进行"反向操作"。例如，不但可以根据既定的销售水平预测融资需求，还可根据既定资金限额来预测可达到的销售收入。[①]

（3）最复杂的预测是使用综合数据库财务计划系统。该系统建有公司的历史资料库和模型库，用以选择适用的财务模型并预测财务数据；它通常是一个联机实时系统，随时更新数据，可以使用概率技术，分析预测具有可靠性；它还是一个综合的规划系统，不仅用于资金的预测和规划，而且包括需求、价格、成本及各项资源的预测和规划；该系统通常也是规划和预测结合的系统，能快速生成预计的财务报表，从而支持财务决策。

二、财务预算的基本方法

预算是企业在预测、决策的基础上，以数量和金额的形式反映企业未来一定时期内经营、投资、财务等活动的具体计划，是为实现企业目标而对各种资源和企业活动的详细安排。企业预算乃是一种涵盖未来一定期间所有营运活动过程的计划，它是企业最高管理者为整个企业及其各部门设定的目标、战略及方案的正式表达。[②] 可以说预算是控制范围最广的技术，因为它关系到整个组织机构而不仅是其中的几个部门，因此编制预算可以看成是将构成组织机构的各种利益整合成一个所有各方面都同意的计划，并在试图达到目标的过程中，说明计划是可行的。

[①] 严碧容，方明. 财务管理学 [M]. 杭州：浙江大学出版社，2016.
[②] 章萍，鲍长生. 财务管理 [M]. 上海：上海社会科学院出版社，2015.

预算是行动计划的数量表达，但预算并不等同于计划。预算具有两个特征：①编制预算的目的是促成企业以最经济有效的方式实现预定目标，因此预算必须与企业的战略或目标保持一致；②预算作为一种数量化的详细计划，它是对未来活动的细致、周密安排，是未来经营活动的依据，数量化和可执行性是预算最主要的特征，因此预算是一种可据此执行和控制经济活动的、最为具体的计划，是对目标的具体化，是将企业活动导向预定目标的有力工具。企业要想在激烈的市场竞争中实现经济利益的最大化，就必须事先编制预算。

企业全面预算的构成内容比较复杂，编制预算需要采用适当的方法。常用的预算方法主要包括增量预算法与零基预算法、固定预算法与弹性预算法、定期预算法与滚动预算法，这些方法广泛应用于营业活动有关预算的编制。

（一）固定预算和弹性预算法

按其业务量基础的数量特征不同，编制预算的方法可分为固定预算法和弹性预算法两大类。

1. 固定预算法

固定预算法又称静态预算法，是指在编制预算时，只根据预算期内正常的、可实现的某一固定业务量（如生产量、销售量等）水平作为唯一基础来编制预算的方法。

固定预算法的弊端为：一是适应性差。因为编制预算的业务量基础是实现假定的某个业务量。在这种方法下，不论预算期内业务量水平实际可能发生哪些变动，都只按事先确定的某一个业务量水平作为编制预算的基础。二是可比性差。当实际的业务量与编制预算所依据的业务量发生较大差异时，有关预算指标的实际数与预算数就会因业务量基础不同而失去可比性。例如，某企业预计业务量为销售10万件产品，按此业务量给销售部门的预算费用为5000元。如果该销售部门实际销售量达到12万件，超出了预算业务量，固定预算下的费用预算仍为5000元。[①]

这种预算法一般适用于经营业务稳定、生产产品产销量稳定、能准确预测产品需求及产品成本的企业，也可用于编制固定费用预算。

2. 弹性预算法

弹性预算法又称动态预算法，是在成本性态分析的基础上，根据业务量、成本和利润之间的依存关系，按照预算期内可能的一系列业务量（生产量、销售量、工时等）水平编制的系列预算方法。由于这种预算方法是随着业务量的变动作机动调整，适用面广，具有

---

① 马莹，吴红翠. 现代企业管理［M］. 北京：中国人民大学出版社，2018.

弹性，故称为弹性预算法或变动预算法。该方法是为了弥补固定预算法的缺陷而产生的。

弹性预算法的益处表现为：一是预算范围宽，二是可比性强。由于未来业务量的变动会影响到成本费用和利润各个方面，因此弹性预算法理论上讲适用于编制全面预算中所有与业务量有关的各种预算，但实务中主要用于编制成本费用预算和利润预算，尤其是成本费用预算。

弹性预算法又分为公式法和列表法两种：

其一，公式法。公式法是运用总成本性态模型，测算预算期的成本费用数额，并编制成本费用预算的方法。公式法的益处是在一定范围内预算可以随业务量变动而变动，可比性和适应性强，编制预算的工作量相对较小；缺点是按公式进行成本分解比较麻烦，对每个费用子项目甚至细目逐一进行成本分解，工作量很大。

其二，列表法。列表法是指通过列表的方式，将与各种业务量对应的预算数列示出来的一种弹性预算编制方法。列表法的益处是可以直接从表中查得各种业务量下的成本费用预算，不用再另行计算，因此直接、简便；缺点是编制工作量较大，而且由于预算数不能随业务量变动而任意变动，弹性仍然不足。

（二）增量预算和零基预算法

按其出发点的特征不同，编制预算的方法可分为增量预算法和零基预算法两大类。

1. 增量预算法

增量预算法又称调整预算法，是指以基期成本费用水平为基础，分析预算期业务量水平及有关影响因素的变动情况，通过调整基期有关成本费用项目及数额，编制相关预算的方法。

增量预算法的前提条件是[①]：①现有业务活动是企业所必需的；②原有的各项业务都是合理的。

增量预算法的弊端是当预算期的情况发生变化，预算数额会受到基期不合理因素的干扰，可能导致预算的不准确，不利于调动各部门达成预算目标的积极性。

2. 零基预算法

零基预算法是"以零为基础编制预算"的方法，采用零基预算法在编制费用预算时，不考虑以往会计期间所发生的费用项目和费用数额，主要根据预算期的需要和可能分析费用项目和费用数额的合理性，综合平衡编制费用预算。

运用零基预算法编制预算的工作流程为：

---

① 张建伟，盛振江. 现代企业管理［M］. 北京：人民邮电大学出版社，2011.

第一，根据企业预算期利润目标、销售目标和生产指标等，分析预算期各项费用项目，并预测费用水平。

第二，拟定预算期各项费用的预算方案，权衡轻重缓急，划分费用支出的等级并排列先后顺序。

第三，根据企业预算期预算费用控制总额目标，按照费用支出等级及顺序，分解落实相应的费用控制目标，编制相应的费用预算。

应用零基预算法编制费用预算的优点是不受前期费用项目和费用水平的制约，对一切费用都以零为出发点，这样不仅能压缩资金开支，而且能切实做到把有限的资金用在最需要的地方，从而调动各部门人员的积极性和创造性，量力而行，合理使用资金，提高效益。其缺点是由于一切支出均以零为起点进行分析、研究，势必带来繁重的工作量，有时甚至得不偿失，难以突出重点。为了弥补零基预算这一缺点，企业不是每年都按零基预算来编制预算，而是每隔若干年进行一次零基预算，以后几年内略做适当调整，这样既减轻了预算编制的工作量，又能适当控制费用。

（三）定期预算和滚动预算法

编制预算的方法按其预算期的时间特征不同，可分为定期预算法与滚动预算法两类。

1. 定期预算法

定期预算法是指以不变的会计期间（如年度、季度、月度）作为预算期间编制预算的方法。采用定期预算法编制预算，保证预算期间与会计期间在时期上配比，便于依据会计报告的数据与预算数的比较，考核和评价预算的执行结果。但这种方法不利于前后各个期间的预算衔接，不能适应连续不断的业务活动过程的预算管理。

2. 滚动预算法

滚动预算法又称连续预算法或永续预算法，是在上期预算完成情况的基础上，调整和编制下期预算，并将预算期间逐期连续向后滚动推移，使预算期间始终保持一定的时期跨度。采用滚动预算法编制预算，按照滚动的时间单位不同可分为逐月滚动、逐季滚动和混合滚动。

运用滚动预算法编制预算，使预算期间依时间顺序向后滚动，可以保持预算的连续性和完整性。企业的生产经营活动是连续不断的，因此企业的预算也应该全面地反映这一延续不断的过程，使预算方法与生产经营过程相适应。同时，企业的生产经营活动是复杂的，而滚动预算法便于随时修订预算，确保企业经营管理工作秩序的稳定性，充分发挥预算的指导与控制作用。滚动预算法能克服传统定期预算的盲目性、不变性和间断性，从这个意义上说，编制预算已不再仅仅是每年年末才开展的工作了，而是与日常管理密切结合的一项措施。

第二节　增长率的预测与资金需求

企业要生存发展，必然要增加销售。企业增长的财务意义是资金增长。在销售增长时企业往往需要补充资金，销售增长得越多，资金需求越大。

从资金来源上看，企业增长的实现方式有以下三种：

其一，完全依靠内部资金增长。在小企业无法取得借款，而大企业不愿意借款的前提下，它们主要是靠内部积累实现增长。

其二，主要依靠外部资金增长。从外部筹资，包括增加债务和股东投资，也可以提高增长率。

其三，平衡增长。平衡增长，就是保持目前的财务结构和与此有关的财务风险，按照股东权益的增长比例增加借款，以此支持销售增长。这种增长，一般不会消耗企业的财务资源，是一种可持续的增长方式。

一、销售增长与外部融资的内在联系

（1）外部融资销售增长比。销售增长会带来资金需求的增加，销售增长和融资需求之间就会有函数关系，将其称为外部融资额占销售增长的百分比，简称外部融资销售增长比。即销售额每增长1元需要追加的外部融资额。外部融资销售增长比不仅可以预计融资需求量，而且对于调整股利政策和预计通货膨胀对融资的影响等都十分有用。

（2）外部融资需求的敏感分析。外部融资需求的影响因素有：销售增长、销售净利率、股利支付率、可动用金融资产等。外部融资需求的多少，不仅取决于销售的增长，还要看股利支付率、可动用金融资产和销售净利率。股利支付率越高，外部融资需求越大；销售净利率越大，外部融资需求越少；可动用金融资产越大，外部融资需求越少。

二、内含增长率与可持续增长率

（1）内含增长率。销售额增加引起的资金需求增长，如果不能或不打算从外部融资，则只能靠内部积累，从而限制了销售的增长。外部融资为零时的销售增长率称为内含增长率。

（2）可持续增长率。可持续增长率是指保持目前经营效率和财务政策不变的条件下公司销售所能增长的最大比率。

可持续增长率的假设条件：①公司目前的资本结构是个目标结构，并且打算继续维持下去。②公司目前的股利支付率是目标支付率，并且打算继续维持下去。③不愿意或者不打算发售新股和回购股票，增加债务是其唯一的外部筹资来源。④公司销售净利率将维持当前水平，并且可以涵盖增加负债的利息。⑤公司的资产周转率将维持当前的水平。

在上述假设条件成立时，销售的实际增长率与可持续增长率相等。虽然企业各年的财务比率总会有些变化，但上述假设基本上符合大多数公司的情况。提高经营效率并非总是可行的，改变财务政策是有风险和极限的，因此超常增长只能是短期的。尽管企业的增长时快时慢，但从长期来看总是受到可持续增长率的制约。

可持续增长率的计算：①根据期初股东权益计算可持续增长率。限制销售增长的是资产，限制资产增长的是资金来源（包括负债和股东权益）。在不改变经营效率和财务政策的情况下（即企业平衡增长），限制资产增长的是股东权益的增长率。②根据期末股东权益计算的可持续增长率。可持续增长率也可以全部用期末数和本期发生额计算，而不使用期初数。

可持续增长率与实际增长率是两个不同的概念。可持续增长率是指保持当前经营效率和财务政策（包括不增发新股或回购股票）的情况下，销售所能增长的最大比率，而实际增长率是本年销售额与上年销售额相比的增长百分比。它们之间关系如下：[1]

其一，如果某一年的经营效率和财务政策与上年相同，则实际增长率、上年的可持续增长率以及本年的可持续增长率三者相等。这种增长状态，在资金上可以永远持续发展下去，可称之为平衡增长。当然，外部条件是公司不断增加的产品能为市场所接受。

其二，如果某一年的公式中的4个财务比率有一个或多个数值增长，则实际增长率就会超过上年的可持续增长率，本年的可持续增长率也会超过上年的可持续增长率。由此可见，超常增长是改变财务比率的结果，而不是持续当前状态的结果。企业不可能每年提高这4个财务比率，也就不可能使超常增长继续下去。可持续增长，并不是说企业的增长不可以高于或低于可持续增长率。企业的管理人员必须事先预计并且加以解决在公司超过可持续增长率之上的增长所导致的财务问题。如果不增发新股，超过部分的资金只有两个解决办法：提高资产收益率，或者改变财务政策。

其三，如果某一年的公式中的4个财务比率有一个或多个数值比上年下降，则实际销售增长就会低于上年的可持续增长率，本年的可持续增长率也会低于上年的可持续增长率。这是超常增长之后的必然结果，公司对此事先要有所准备。如果不愿意接受这种现实，继续勉强冲刺，现金周转的危机很快就会来临。

---

[1] 丁春慧，易伦. 财务管理 [M]. 南京：南京大学出版社，2015.

其四，如果公式中的4个财务比率已经达到公司的极限水平，单纯的销售增长无助于增加股东财富。销售净利率和资产周转率的乘积是资产净利率，它体现了企业运用资产获取收益的能力，决定于企业的综合效率。利润留存率和权益乘数的高低是财务政策选择问题，取决于决策人对收益与风险的权衡。因此，企业的综合效率和承担风险的能力，决定了企业的增长速度。

第三节 预计财务报表的编制技能

编制预计财务报表是财务预测的重要内容之一。预计财务报表编制期间通常是5~10年，属于长期财务预测。

财务预测的基础是销售增长率。销售增长率的预测以历史增长率为基础，根据未来的变化进行修正，在修正时，要考虑宏观经济、行业状况和企业的经营战略。

基期是指作为预测基础的时期，它通常是预测工作的上一个年度。基期的各项数据被称为基数，它们是预测的起点。确定基期数据的方法有两种：一种是以上年实际数据作为基期数据，另一种是以修正后的上年数据作为基期数据。

企业现金资产中为应付生产经营各种意外支付而所需持有的现金资产，属于经营现金资产。其他经营流动资产包括应收账款、存货等项目。经营流动负债一般指企业经营过程中产生的短期应支付的债务，如赊购的货款等。经营长期资产包括长期股权投资、固定资产、长期应收款等。经营长期负债包括无息的长期应付款、专项应付款、递延所得税负债和其他非流动负债。净经营资产是当期企业经营活动需要占用的资本资源，它是企业当期全部的筹资需要，因此也可以称为"净资本"或"投资资本"。从短期、长期的流动性角度看，它等于营运资本和长期资产的净值之和；从资产、负债的占用性角度看，它等于经营资产与经营负债的差额。

期末股东权益是当期期末剩余给股东可支配的资源，在净经营资产中扣除借款，即从企业当期全部的筹资需求中扣除外部债务筹资，也就是企业内部筹资的部分。无论企业采用何种股利政策，可供分配利润除去应付股利后的部分，如果有剩余，即股东权益的增量可以作为企业的内部筹资。净负债及股东权益是企业实体占用的经济资源，它也代表了全部筹资净额的来源，它在数量上与企业全部经营活动的筹资需求相同，即等于净经营资产。

根据财务预测来预计现金流量：

经营现金毛流量是指在没有经营营运资本变动和资本支出时，企业可以提供给投资人的现金流量总和,也称为"常用现金流量",它的计算与项目价值评估中对经营期现金流量的计算类似。

这里的经营营运资本变动主要指由于生产经营的需要和扩大规模等方面的需求因素,企业新增的净经营营运资本投资。资本支出即经营长期资产总值的增加值减去经营长期负债的增加值,一般是用于购置各种长期资产的支出,而新增的长期负债可以满足一部分对资本支出的资金支持,作为其现金流流出的抵减项。

净经营营运资本增加=Δ净经营营运资本=期末净经营营运资本-期初净经营营运资本

资本支出=Δ净经营长期资产+折旧与摊销=期末净经营长期资产-期初净经营长期资产+折旧与摊销

"经营营运资本增加"从短期投资方面,"资本支出"从长期投资方面分别代表企业的新增投资,因此它们合计为企业的"本期总投资"。由于当期的折旧与摊销作为新投资长期资产的抵减项,因此净投资现金流出是本期总投资减去"折旧与摊销"后的剩余部分,称之为"本期净投资"。本期净投资是股东和债权人提供的,可以通过净经营资产的增加来验算,即它等于净金融负债的增加和股东权益增加之和。

本期总投资=净经营营运资本增加+资本支出

本期净投资=本期总投资-折旧与摊销=Δ净经营资产=Δ净金融负债+Δ股东权益

从企业发展的角度,如果有经营营运资本变动和资本支出时企业需要追加投资。经营现金毛流量扣除这些追加的投资后是"实体现金流量",即企业在满足经营活动和资本支出后,还可以支付给债权人和股东的现金流量。经营现金毛流量扣除经营营运资本增加后的剩余现金流量是"经营现金净流量"。经营现金净流量扣除资本支出后的剩余部分是实体现金流量。从剩余收益的角度,将企业的经营成果,即税后经营利润扣除本期净投资,就是实体现金流量。

经营现金毛流量=税后经营利润+折旧与摊销

经营现金净流量=经营现金毛流量-净经营营运资本增加

实体现金流量=经营现金净流量-资本支出=税后经营利润-本期净投资

股权现金流量=实体现金流量-债务现金流量

=(税后利润+税后利息费用-净投资)-(税后利息费用-债务净增加)

=税后利润-(净投资-债务净增加)

股权现金流量=税后利润-(1-负债率)×净投资

如果企业按照固定的负债率为投资筹集资本,企业保持稳定的财务结构,"净投资"和"债务净增加"存在固定比例关系,即债权人再投资的出资比率为"负债率"。股权现金流量的公式可以用债权融资净流量表示,税后净利是属于股东的,但要扣除净投资。净投资中股东负担部分是"(1-负债率)×净投资",其他部分的净投资由债权人提供。税后利润减去股东负担的净投资,即股东获得的净利扣除再投资剩余的部分称为股权现金流量。

"融资现金流量"包括债权融资净流量和股权融资净流量两部分,它是站在债权和股权投资者的角度看待资金的来源。

债权融资净流量=(利息费用合计+偿还债务本金)-[利息费用抵税+(新增金融债务本金-新增金融资产抵减)]=税后利息费用-净金融负债增加+净金融资产增加

股权融资净流量=股利分配-股权资本发行

融资现金流量=债权融资净流量+股权融资净流量

由于企业提供的现金流量就是投资人得到的现金流量,因此它们应当相等。"实体现金流量"是从企业角度观察的,企业产生剩余现金用正数表示,企业吸收投资人的现金则用负数表示。"融资现金流量"是从投资人角度观察的实体现金流量,投资人得到现金用正数表示,投资人提供现金则用负数表示。实体现金流量应当等于融资现金流量。现金流量的这种平衡关系,提供了一种检验现金流量计算是否正确的方法。

企业是否进入稳定状态是预测期和后续期的划分标准。

判断企业进入稳定状态的主要标志有两个:具有稳定的销售增长率和投资资本回报率。这两个比率如果变得比较稳定的时候,基本代表企业的发展开始进入到了比较稳定的时期。

第四节 财务预算与营业预算的编制技能

一、财务预算的编制

财务预算是一系列专门反映企业未来一定预算期内预计财务状况和经营成果,以及现金收支等价值指标的各种预算总称,具体包括反映现金收支活动的现金预算、反映企业财务状况的预计资产负债表、反映企业财务成果的预计利润表和预计现金流量表等内容。

财务预算必须服从企业决策目标的要求,使决策目标具体化、系统化和定量化。

(一)现金预算编制

现金预算是用来反映预算期内有关现金收支状况的预算。这里所说的现金包括现金和银行存款等一切货币资金。编制现金预算的目的是为了合理安排企业的现金收入和支出,并由此计算现金的盈余或不足,进而确定资金运用或筹措的方式、时间及金额,保证企业财务的正常运转。

现金预算由四部分组成:现金收入、现金支出、现金多余或不足、资金的筹措与运用。

(1) 现金收入,包括期初现金余额和预算期现金收入,主要有现销收入、收回的应收账款、应收票据到期兑现和票据贴现等,该数据可从销售预算的预计现金收入表中获得。

(2) 现金支出,包括预算期的各项现金支出。主要有材料采购、工资、制造费用、销售及管理费用、税金、利润以及资本预算支出等。

(3) 现金多余或不足,指现金收入与支出相抵后的余额。若余额为正数,则表示现金有盈余;若余额为负数,则表示现金不足。

(4) 资金的筹措与运用:当企业预算期内现金不足时,需向银行借款或发放短期商业信用来筹措资金;当企业预算期内现金有多余时,可通过偿还借款或进行短期投资来运用资金。

(二) 利润表预算编制

利润表和资产负债表预算是财务管理的重要工具。财务报表预算的作用与历史实际的财务报表不同。所有企业都要在年终编制历史实际的财务报表。这是有关法规的强制性规定,其主要目的是向外部报表使用人提供财务信息。当然,这并不表明常规财务报表对企业经理人员没有价值。财务报表预算主要为企业财务管理服务,是控制企业资金、成本和利润总量的重要手段。因而可以从总体上反映一定期间企业经营的全局情况,通常称为企业的"总预算"。

(三) 资产负债表预算编制

预计资产负债表是按照资产负债表的内容和格式编制的,综合反映企业在预算期期末的财务状况的报表。预计资产负债表是在上期期末资产负债表的基础上,根据前述生产、销售、资本等预算提供的有关资料加以调整编制而成的。编制预计资产负债表的目的是为了判断预算所反映的财务状况的稳定性和流动性。如果通过预计资产负债表的分析发现企业的某些财务比率不佳,可科学修改有关预算,以改善企业的财务状况。

二、营业预算的编制

营业预算是企业日常营业活动的预算,企业的营业活动涉及供、产、销等各个环节及业务。营业预算包括销售预算、生产预算、直接材料采购预算、直接人工预算、制造费用预算、产品成本预算、销售费用预算和管理费用预算等。

（1）销售预算。销售预算是整个预算的编制起点，其他预算的编制要以销售预算为基础。销售预算的主要内容是销售量、单价和销售收入。销售预算中通常还包括预计现金收入的计算，其目的是为编制现金预算提供必要的资料。

（2）生产预算。生产预算是为规划预算期生产数量而编制的一种业务预算，它是在销售预算的基础上编制的，并可以作为编制材料采购预算和生产成本预算的依据。生产预算的主要内容有销售量、生产量、期初和期末存货量。编制生产预算的主要依据是预算期各种产品的预计销售量及存货期初期末资料。生产预算的要点是确定预算期的产品生产量和期末结存产品数量，前者为编制材料预算、人工预算、制造费用预算等提供基础，后者是编制期末存货预算和预计资产负债表的基础。

（3）直接材料采购预算。直接材料采购预算是在生产预算的基础上编制的，是用来反映预算期内直接材料的采购数量、采购成本及预计由此产生的现金支出额。直接材料采购预算编制的主要依据是产品的预计生产量、单位产品材料用量、预计期初与期末的库存量等。在实际工作中，直接材料采购预算一般附有预算期间的预计现金支出计算表，其中包括前期应付购料款的偿还以及本期材料款的支付。

（4）直接人工预算。直接人工预算的编制与直接材料预算的编制相同，也是在生产预算的基础上编制的，主要用来确定预算期内生产车间人工工时的消耗水平、人工成本水平及相关现金支出额。其主要内容有预计产量、单位产品工时、人工总工时、每小时人工成本和人工总成本。由于人工工资都需要使用现金支付，所以不需另外预计现金支出，可直接参加现金预算的汇总。

（5）制造费用预算。制造费用预算是用来反映生产成本中除直接材料、直接人工预算以外的其他一切生产费用的预算。为编制预算，必须按成本习性划分为固定费用和变动费用，分别编制变动制造费用预算和固定制造费用预算。变动制造费用以生产预算为基础来编制，固定制造费用需要逐项进行预计，通常与本期产量无关，按每季实际需要的支付额预计，然后求出全年数。为了给编制现金预算提供必要的资料，在制造费用预算中也需预计现金支出。制造费用中，除折旧费外都必须支付现金，所以，根据每个季度制造费用数额扣除折旧费后，即可得出现金支出的费用。

（6）产品成本预算。产品成本预算主要反映产品的单位成本和总成本的预计构成情况。它是生产预算、直接材料预算、直接人工预算、制造费用预算的汇总，其主要内容是产品的单位成本和总成本。

（7）销售及管理费用预算。销售费用预算是指为了实现销售预算而支付的费用预算。它以销售预算为基础，要分析销售收入、销售利润和销售费用的关系，力求销售费用的最有效使用。管理费用是搞好一般管理业务所必要的费用，它多属于固定成本，所以，一般是以过去的实际开支为基础，按预算期可预见的变化来调整。必须充分考察每种费用是否必要，以便提高费用效率。

第五节　各类财务报表的编制

一、资产负债表的编制

资产负债表（balance sheet）是总括反映企业在一定日期的全部资产、负债和所有者权益的报表。由于该表反映了一个企业在特定日期的财务状况，因而又称为财务状况表（statement of financial position）。资产负债表是根据"资产＝负债+所有者权益"这一会计基本等式而编制的。它所提供的是企业一定日期的财务状况，主要包括以下内容：①企业所拥有的各种经济资源（资产）；②企业所负担的债务（负债），以及企业的偿债能力（包括短期与长期的偿债能力）；③企业所有者在企业里所持有的权益（所有者权益）。

为了帮助报表使用者分析、解释和评价资产负债表所提供的信息，需要对资产负债表上的项目，按照它们的共同特征进行适当的分类与排列。一般来说，在资产负债表上，资产按其流动性程度的高低顺序排列，即先流动资产，后非流动资产，非流动资产再划分为若干个大类；负债按其到期日由近至远的顺序排列，即先流动负债，后非流动负债；所有者权益则按其永久性递减的顺序排列，即先实收资本，再其他权益工具、资本公积、其他综合收益、盈余公积，最后是未分配利润。[①]

（一）资产负债表的具体编制

资产负债表有两种基本格式，即账户式与垂直式（报告式）。账户式资产负债表分左、右两方，左方列示资产项目，右方列示负债与所有者权益项目，左右两方的合计数保持平衡。这种格式的资产负债表在我国应用最广。

垂直式资产负债表将资产、负债、所有者权益项目采用垂直分列的形式反映。其具体排列形式包括：①按照"资产＝负债+所有者权益"的等式，上边的资产总计与垂直排列在下边的负债及所有者权益总计保持平衡。这种格式的资产负债表的简化形式。②按照"资产-负债＝所有者权益"的等式，上边的资产总额与负债总额之差，与垂直排列在下边

[①] 戴德明，林钢，赵西卜. 财务会计学（第九版）[M]. 北京：中国人民大学出版社，2017.

的所有者权益总额保持平衡。这种格式的资产负债表的简化形式。③按照"流动资产-流动负债=营运资金""营运资金+非流动资产-非流动负债=所有者权益"的等式,先用流动资产合计减去垂直排列在下边的流动负债合计,求得营运资金,然后在营运资金下边加上非流动资产合计,减去非流动负债合计,所得结果与垂直排列在下边的所有者权益总额保持平衡。这种格式的资产负债表的简化形式。

(二) 资产负债表项目的计价

现行会计准则对资产负债表项目的计价采用的是一种混合模式,它综合运用了历史成本、可变现净值、现值、公允价值等计量属性。

(1) 根据历史成本计量的项目。"存货"项目在存货没有发生减值的情况下,在资产负债表上是按其历史成本计价的。"投资性房地产"项目在采用成本模式计量且没有发生减值的情况下,在资产负债表上是按其历史成本计价的。固定资产如果没有发生减值,则在资产负债表上按折余价值反映。无形资产如果没有发生减值,则在资产负债表上按摊余价值反映。折余价值和摊余价值在本质上是历史成本,或者说是调整后的历史成本。

(2) 根据可变现净值计量的项目。按照现行会计准则规定,期末要对存货项目进行减值测试。对各存货项目进行减值测试时,依据的标准是可变现净值,当存货的可变现净值低于其账面金额时,需要计提存货跌价准备,将存货的账面金额减记至可变现净值。这就意味着,计提了存货跌价准备的"存货"项目在资产负债表上是按可变现净值计价的。

(3) 根据公允价值计量的项目。按照现行会计准则的规定,"以公允价值计量且其变动计入当期损益的金融资产""可供出售金融资产"等项目期末应当按公允价值计量。对于"投资性房地产"项目的计量,既可以采用成本模式,也可以采用公允价值模式。如果企业对投资性房地产的计量采用公允价值模式,则该项目在资产负债表上也是按公允价值计量的。

(4) 根据现值计量的项目。"应付债券"等非流动负债项目要按照未来现金流量的折现值(现值)计价。所谓按摊余成本计价,就是按现值计价。只不过此时计算现值所用的折现率是最初承担负债时所确定的实际利率,而不是期末的市场利率。"持有至到期投资"项目在进行减值测试之前,其计价与"应付债券"项目类似,也是按现值计价,计算现值所用的折现率是取得投资时的实际利率,而不是期末的市场利率。

"固定资产"和"无形资产"等非流动资产项目,在计提折旧和摊销之后,还要进行减值测试。对固定资产和无形资产进行减值测试时所采用的标准是可收回金额,而可收回金额是公允价值减去处置费用后的净额与未来现金流量的现值两者之中的较高者。这就意味着,对于已经计提了减值准备的固定资产和无形资产来说,最终在资产负债表上是按公允价值减去处置费用后的净额或者是按照现值计价的。对资产负债表项目采用混合计量模式，是否能够很好地满足会计信息的质量要求，仍然值得研究。

（三）资产负债表编制的基本方法

由于企业的每一项资产、负债和所有者权益余额都是以各有关科目的余额来表示的，因此，作为总括反映企业资产、负债和所有者权益的资产负债表项目，原则上都可以直接根据有关总账科目的期末余额填列。但是，为了如实地反映企业的财务状况，更好地满足报表使用者的需要，资产负债表的某些项目需要根据总账科目和明细科目的记录分析、计算后填列。总之，资产负债表项目的填列方法，在很大程度上取决于企业日常会计核算所设置的总账科目的明细程度。资产负债表各项目的填列方法大体上可归为以下几种情况。[1]

（1）直接根据总账科目余额填列。例如，"固定资产清理""短期借款""应付票据""应付职工薪酬""应交税费""应付利息""应付股利""其他应付款""实收资本""资本公积""其他综合收益""盈余公积"等项目，应根据各相关总账科目余额直接填列。

（2）根据若干个总账科目余额计算填列。例如，"货币资金"项目，应根据"库存现金""银行存款"和"其他货币资金"科目余额之和计算填列；"以公允价值计量且其变动计入当期损益的金融资产"项目，应根据"交易性金融资产"和"指定为以公允价值计量且其变动计入当期损益的金融资产"科目余额之和计算填列；"存货"项目，应根据"材料采购"（或"在途物资""商品采购"）、"原材料"（或"库存商品"）、"委托加工物资"、"包装物"、"低值易耗品"、"材料成本差异"（或"商品进销差价"）、"生产成本"、"自制半成品"、"产成品"等科目借贷方余额的差额计算填列；"未分配利润"项目，应根据"本年利润"和"利润分配"科目余额计算填列。

（3）根据若干个明细科目余额计算填列。例如，"应收账款"项目，应根据"应收账款""预收账款"总账科目所属明细科目的借方余额之和减去相应的"坏账准备"所属明细科目的贷方余额计算填列；"预收账款"项目，应根据"应收账款""预收账款"总账科目所属明细科目的贷方余额之和计算填列；"应付账款"项目，应根据"应付账款""预付账款"总账科目所属明细科目的贷方余额之和计算填列；"预付账款"项目，应根据"应付账款""预付账款"总账科目所属明细科目的借方余额之和计算填列。

（4）根据总账科目或明细科目余额分析填列。例如，"1年内到期的非流动资产"项目，应根据"持有至到期投资""长期应收款"科目所属明细科目余额中将于1年内到期

---

[1] 戴德明，林钢，赵西卜. 财务会计学（第九版）[M]. 北京：中国人民大学出版社，2017.

的数额之和计算填列;"持有至到期投资""长期应收款"项目应分别根据"持有至到期投资""长期应收款"总账科目余额扣除 1 年内到期的数额填列;"1 年内到期的非流动负债"项目,应根据"长期借款""应付债券""长期应付款"等总账科目所属明细科目余额中将于 1 年内到期的数额之和计算填列;"长期借款""应付债券""长期应付款"等项目,应分别根据"长期借款""应付债券""长期应付款"等总账科目余额扣除 1 年内到期的数额填列。

二、利润表的编制

利润表(income statement)是用来反映企业在某一会计期间的经营成果的一种财务报表。在利润表上,要反映企业在一个会计期间的所有收入(广义)与所有费用(广义),并求出报告期的利润额。利用利润表,可以评价一个企业的经营成果和投资效率,分析企业的盈利能力以及预测未来一定时期内的盈利趋势。

(一)编制利润表注意事项

编制利润表,要重点解决以下两个方面的问题:

第一,正确确定当期收入与费用。利润是当期收入与当期费用的差额。因此,要正确计算利润,就必须首先确定当期的收入与当期的费用。对于营业收入来说,一般情况下,只有当企业的商品已经销售,或劳务已经提供,才能确认为本期的营业收入并编入利润表。在某些特殊情况下,也可以在生产过程中,或在产品完工时确认营业收入。

第二,力求保持投入资本的完整。一个企业只有在保持投入资本完整无缺的情况下,才可能获得真正的利润。例如,在通货膨胀时期,货币贬值,以货币计量的投入资本,其期末账面余额可能大于期初余额,但若按物价指数换算,却可能小于期初余额,因而可能出现虚盈实亏的现象。因此,在通货膨胀严重的情况下,有必要按物价指数进行调整。

(二)利润表的编制

利润表的表首,应标明企业和该表的名称。表的名称下面标明编制的期间。由于利润表反映企业某一期间的经营成果,因而其时间只能标明为"某年某月",或"某年度",或"某年某月某日至某年某月某日",或"某年某月某日结束的会计年度"。为了提供与报表使用者的经营决策相关的信息,收入和费用在利润表中有不同的列示方法,因而利润表的本体部分可以有多步式和单步式两种格式。

1. 多步式利润表的编制

多步式利润表是常用的格式,它将企业日常经营活动过程中发生的收入和费用项目与在该过程外发生的收入与费用分开。划分这一界限的标准，主要是看一个项目是否关系到评价企业未来产生现金和现金等价物的能力，或者说，依据一个项目的预测价值。那些经常重复发生的收入与费用项目，是预测企业未来盈利能力的基础；那些偶然发生的收入与费用项目，则不能作为预测的依据。例如，企业变卖固定资产就属于偶然事项，不可能经常重复发生。将这类偶然事项产生的损益分列出来，显然有助于提高利润表信息的预测价值。

适当划分企业的收入和费用项目，并以不同的方式在利润表上将收入与费用项目组合起来，还可以提供各种各样的有关企业经营成果的指标。在多步式利润表上，净利润是分若干个步骤计算出来的，一般可以分为以下几步：①计算营业利润；②计算利润总额；③计算净利润。

2. 单步式利润表的编制

在单步式利润表上，只需将本期所有收入（广义）加在一起，然后再将所有费用（广义）加在一起，两者相减，通过一次计算得出本期净利润。单步式利润表的优点是：表式简单，易于理解，避免项目分类上的困难。

多步式年度利润表上"本年实际"栏的"营业收入""营业成本""税金及附加""销售费用""管理费用""财务费用""资产减值损失""公允价值变动收益""投资收益""营业外收入""营业外支出""所得税费用"等项目，在采用表结法进行本年利润核算的情况下，应根据年末各相关科目结转"本年利润"科目的数额填列；在采用账结法进行本年利润核算的情况下，应根据各相关科目各月末结转"本年利润"科目数额的累计数计算填列，其中，如为投资净损失，"投资收益"项目以负数填列。"本年实际"栏的"营业利润""利润总额""净利润"项目，应根据各相关项目计算填列。

单步式年度利润表上，"收入合计""费用合计""净利润"项目根据各相关项目计算填列。其他项目的填列同多步式利润表。年度利润表上"上年实际"栏的各项目，应根据上年利润表的相关项目填列。如果编制月份利润表，则应将"本年实际"与"上年实际"栏分别改为"本月数"与"本年累计数"栏。

三、综合收益表的编制

综合收益（comprehensive income）是企业在一定时期内除所有者投资和对所有者分配等与所有者之间的资本业务之外的交易或其他事项所形成的所有者权益的变化额。综合收益包括净利润和其他综合收益。净利润是综合收益的主要组成部分。其他综合收益是除净利润之外的所有综合收益，包括：可供出售金融资产的公允价值变动、按照权益法核算的在被投资单位其他综合收益中所享有的份额等。

综合收益的列报可以有不同的方式：①编制独立的综合收益表。该表的第一部分列示净利润，第二部分列示其他综合收益的具体构成项目及其调整内容。②将其他综合收益的数据与利润表数据列示于同一张报表。该表的上半部分列示传统的利润表数据，下半部分则列示其他综合收益数据。

四、所有者权益变动表的编制

所有者权益变动表（statement of changes in equity）是一张反映企业在一定期间构成所有者权益的各组成部分的增减变动情况的报表。它反映三个方面的内容：首先，因资本业务而导致所有者权益总额发生变动的项目，即所有者投入资本和向所有者分配利润；其次，所有者权益项目内部的变动，如提取盈余公积；最后，综合收益导致的所有者权益的变动。综合收益又由两部分构成：①净利润；②其他综合收益。

所有者权益变动表的编制各项目应当根据当期净利润、其他综合收益、所有者投入资本和向所有者分配利润、提取盈余公积等情况分析填列。

五、现金流量表的编制

企业的财务目标主要有两个：一是获取利润；二是维持偿债能力。获取利润是指通过企业的经营活动从而增加企业所有者的权益，也就是使企业所有者获得最满意的投资报酬率；维持偿债能力是指保证企业在债务到期时，具有支付到期债务的能力。企业的报表使用者需要了解企业的获利能力与偿债能力，还需要了解导致企业偿债能力发生变动的原因；企业盈利与偿债能力有何联系，经营活动对企业的现金流量有何影响；企业在本会计期间内发生了哪些理财活动（筹资活动与投资活动），它们对企业的现金流量有何影响。

利润表能够反映企业本期经营活动的成果，可用于衡量企业在获取利润方面是否获得成功，但它不能说明企业从经营活动中获得了多少可供周转使用的现金；它能够说明本期筹资活动和投资活动的损益，但不能说明筹资活动与投资活动提供或运用了多少现金。至于那些不涉及损益问题的重要理财业务，利润表根本不予反映。

资产负债表反映某一特定日期的财务状况，说明某一特定日期资产和权益变动的结果，可以显示企业是否具有偿债能力，但它不能反映财务状况的变动。虽然通过两个或几个特定日期的资产负债表的比较，能够在一定程度上反映企业财务状况的变动，但不能说明变动的原因。可见，利润表和资产负债表虽然具有重要的作用，能够为报表使用者提供有用的会计信息，但它们还不能完全满足报表使用者的需要。现金流量表可以弥补这两种会计报表的不足。

现金流量表（statement of cash flow）是用来提供企业有关现金流入、现金流出及投资与筹资活动方面信息的财务报表。报表使用者利用这些信息，可以评估企业以下几个方面的事项：①企业在未来会计期间产生净现金流量的能力；②企业偿还债务及支付企业所有者的投资报酬（如股利）的能力；③企业的利润与经营活动所产生的净现金流量发生差异的原因；④会计年度内影响或不影响现金的投资活动与筹资活动。

（一）现金流量的类型划分

编制现金流量表的目的，是为会计信息使用者提供企业一定会计期间内有关现金流入和流出的信息。企业在一定时期内的现金流入和流出是由企业的各种业务活动产生的，如购买商品支付价款，销售商品收到现金，支付职工工资等。首先要对企业的业务活动进行合理的分类，并据此对现金流量进行适当分类。我国《企业会计准则第31号——现金流量表》将企业的业务活动按其性质分为经营活动、投资活动与筹资活动，为了在现金流量表中反映企业在一定时期内现金净流量变动的原因，相应地将企业一定期间内产生的现金流量分为以下三类：

第一，经营活动产生的现金流量。经营活动是指企业发生的投资活动和筹资活动以外的所有交易和事项，包括销售商品或提供劳务、经营性租赁、购买货物、接受劳务、制造产品、广告宣传、推销产品、缴纳税款等。

第二，投资活动产生的现金流量。投资活动是指企业长期资产的购建和不包括在现金等价物范围内的投资及其处置活动。

第三，筹资活动产生的现金流量。筹资活动是指导致企业资本及债务规模和构成发生变化的活动，包括吸收投资、发行股票、分配利润等。

对于企业日常活动之外不经常发生的特殊项目，如自然灾害损失、保险赔款、捐赠等，应当归并到现金流量表的相关类别中，并单独反映。

（二）现金流量表的编制指标

现金流量表是以现金为基础编制的，编制现金流量表，首先应明确现金的含义。根据我国《企业会计准则第31号——现金流量表》的规定，现金流量表所指的现金是广义的现金概念，它包括库存现金、可以随时用于支付的存款以及现金等价物。其具体内容包括以下几方面：

第一，库存现金。库存现金是指企业持有的可随时用于支付的纸币与硬币。

第二，银行存款。银行存款是指企业存在金融企业中随时可以用于支付的存款。如果存在金融企业的款项不能随时用于支付，例如，不能随时支取的定期存款，不能作为现金流量表中的现金，但提前通知金融企业便可支取的定期存款，也应包括在现金流量表中的现金范围内。

第三，其他货币资金。其他货币资金是指企业存在金融企业有特定用途的资金，如外埠存款、银行汇票存款、银行本票存款、信用证保证金存款、信用卡存款等。

第四，现金等价物。现金等价物是指企业持有的期限短、流动性强、易于转换为已知金额的现金，价值变动风险很小的投资。现金等价物虽然不是严格意义上的现金，但其支付能力与现金的差别不大，可视为现金。认定现金等价物时，期限短通常是指从购买日起3个月内到期。

（三）现金流量表编制的主要方法

1. 基于经营活动中产生的现金流量

经营活动产生的现金流量是一项重要的指标，它可以说明企业在不动用从外部筹得资金的情况下，通过经营活动产生的现金流量是否足以偿还负债、支付股利和对外投资。经营活动产生的现金流量可以采用直接法和间接法两种方法反映。

（1）直接法。直接法是通过现金流入和现金流出的主要类别来反映企业经营活动产生的现金流量。在我国，直接法下经营活动产生的现金流量，其现金流入可分为销售商品、提供劳务收到的现金，收到的税费返还，收到的其他与经营活动有关的现金等类别；现金流出可分为购买商品、接受劳务支付的现金，支付给职工以及为职工支付的现金，支付的各项税费，支付的其他与经营活动有关的现金等类别。采用直接法报告企业经营活动产生的现金流量时，各个现金流入与流出项目的数据可以从会计记录中直接获得，也可以在利润表上营业收入、营业成本等数据的基础上，通过调整获得。

"销售商品、提供劳务收到的现金"项目，反映企业销售商品、提供劳务实际收到的现金（含销售收入和应向购买者收取的增值税额），包括本期销售商品、提供劳务收到的现金，以及前期销售商品和前期提供劳务本期收到的现金和本期预收的账款，扣除本期销售本期退回的商品和前期销售本期退回的商品支付的现金。企业销售材料和代购代销业务收到的现金，也在本项目反映。

确定本项目的金额通常可以利润表上的"营业收入"项目为基础进行调整。由于该项目包括应向购买者收取的增值税销项税额，因此应在营业收入的基础上加上本期的增值税销项税额。由于企业的商品销售和劳务供应往往并非都是现金交易，因而应加上应收账款与应收票据的减少数，或减去应收账款与应收票据的增加数。如果企业有预收货款业务，还应加上预收账款增加数，或减去预收账款减少数。如果企业采用备抵法核算坏账，且本期发生了坏账，或有坏账回收，则应减去本期确认的坏账，加上本期坏账回收。因为发生坏账减少了应收账款余额，但没有实际的现金流入；坏账回收有现金流入，但与营业收入无直接关系，且不影响应收账款余额。如果企业本期有应收票据贴现，发生了贴现息，则应减去应收票据贴现息，因为贴现息代表了应收票据的减少，并没有相应的现金流入。如果企业发生了按税法规定应视同销售的业务，如将商品用于工程项目，则应该减去相应的销项税额，因为这部分销项税额没有相应的现金流入，也与应收账款或应收票据无关。

"收到的税费返还"项目，反映企业收到返还的各种税费，如收到的增值税、消费税、所得税、教育费附加返还款等。确定该项目的余额，需要分析"应交税费"科目下属各明细科目的贷方发生额。"收到的其他与经营活动有关的现金"项目，反映企业除了上述各项目外，收到的其他与经营活动有关的现金，如罚款收入、流动资产损失中由个人赔偿的现金收入等。其他与经营活动有关的现金，如价值较大，应单列项目反映；该项目所包括内容比较复杂，要通过分析"库存现金""银行存款"科目的借方发生额确定，由于没有固定的科目对应关系，分析起来有一定难度。不过企业涉及此类现金流入的经济业务一般较少。

"购买商品、接受劳务支付的现金"项目，反映企业因购买商品、接受劳务实际支付的现金，包括本期购买商品、接受劳务支付的现金（包括支付的增值税进项税额），以及本期支付前期购买商品、接受劳务的未付款项和本期预付款项。本期发生的购货退回收到的现金应从本项目内扣除。

确定本项目的金额通常以利润表上的"营业成本"项目为基础进行调整。由于本项目包括支付的增值税进项税额，因此应在营业成本的基础上加上本期的增值税进项税额。营业成本与购买商品并无直接联系，就商品流通企业而言，营业成本加上存货增加数或减去存货减少数，便可大致确定本期购进商品的成本。本期购进商品成本并不等于本期购进商品支付的现金，因为可能存在赊购商品或预付货款的情形。故应加上应付账款与应付票据的减少数，或减去应付账款与应付票据的增加数；应加上预付账款的增加数，减去预付账款的减少数。对于工业企业来说，存货包括材料、在产品与产成品等，也就是说存货的增加并非都与购进商品（材料）相联系，本期发生的应计入产品成本的工资费用、折旧费用等也会导致存货增加，但与商品购进无关，因而应进一步扣除计入本期生产成本的非材料费用。应调整其他与商品购进和商品销售无关的存货增减变动，主要包括：存货盘亏与盘盈，用存货对外投资或接受存货投资等。

"支付给职工以及为职工支付的现金"项目，反映企业实际支付给职工以及为职工支付的现金，包括本期实际支付给职工的工资、奖金、各种津贴和补贴等，以及为职工支付的其他费用。不包括支付的离退休人员的各项费用和支付给在建工程人员的工资等。企业支付给离退休人员的各项费用，在"支付的其他与经营活动有关的现金"项目中反映；支付给在建工程人员的工资，在投资活动产生的现金流量部分的"购建固定资产、无形资产和其他长期资产所支付的现金"项目中反映。

企业为职工支付的养老、失业等社会保险基金、补充养老保险、住房公积金、支付给职工的住房困难补助、企业为职工缴纳的商业保险金，以及企业支付给职工或为职工支付的其他福利费用等，应按职工的工作性质和服务对象，分别在本项目和"购建固定资产、无形资产和其他长期资产所支付的现金"项目中反映。"支付的各项税费"项目，反映企业当期实际上缴税务部门的各种税金，以及支付的教育费附加等。本项目的金额可通过分析"应交税费"科目下属的各明细科目的借方发生额计算得到。"支付的其他与经营活动有关的现金"项目，反映企业除上述各项目外，支付的其他与经营活动有关的现金，如罚款支出、支付的差旅费、业务招待费现金支出、支付的保险费等，其他与经营活动有关的现金，如价值较大的，应单列项目反映。确定本项目的金额，可以在科目表上的"销售费用"与"管理费用"两个项目的基础上进行分析调整，扣除折旧费用、无形资产摊销等无相应现金流出的项目。

（2）间接法。间接法是以本期净利润为起算点，调整不涉及现金的收入、费用、营业外收支等有关项目的增减变动，据此计算出经营活动产生的现金流量。采用直接法提供的信息有助于评价企业未来现金流量。国际会计准则鼓励企业采用直接法编制现金流量表。在我国，现金流量表也以直接法编制，但在现金流量表的附注补充资料中还要按照间接法反映经营活动现金流量的情况。

间接法是以利润表上的净利润为出发点，调整确定经营活动产生的现金流量。在利润表中反映的净利润是按权责发生制确定的，其中有些收入、费用项目并没有实际发生经营活动的现金流入和流出，通过对这些项目的调整，即可将净利润调节为经营活动产生的现金流量。具体需要调整的项目可分为四大类：一是实际没有支付现金的费用；二是实际没有收到现金的收益；三是不属于经营活动的损益；四是经营性应收、应付项目的增减变动。将净利润调节为经营活动的现金流量需要调整项目。

"计提的资产减值准备"项目，反映企业本期计提的各项资产的减值准备。本项目可根据"资产减值损失"科目的记录填列。"固定资产折旧"项目，反映企业本期计提的折旧。本项目可根据"累计折旧"科目的贷方发生额分析填列。"无形资产摊销"和"长期待摊费用摊销"两个项目，分别反映企业本期摊入成本费用的无形资产的价值及长期待摊费用。这两个项目可根据"累计摊销""长期待摊费用"科目的贷方发生额分析填列。

"处置固定资产、无形资产和其他长期资产的损失（减：收益）"项目，反映企业本期由于处置固定资产、无形资产和其他长期资产而发生的净损失。本项目可根据"营业外收入""营业外支出""其他业务收入""其他业务成本"科目所属有关明细科目的记录分析填列；如为净收益，以"—"号填列。"固定资产报废损失"项目，反映企业本期固定资产盘亏（减：盘盈）后的净损失。本项目可根据"营业外支出""营业外收入"科目所属有关明细科目中固定资产盘亏损失减去固定资产盘盈收益后的差额填列。

"公允价值变动损失"反映企业本期公允价值变动净损失。本项目可根据利润表上的"公允价值变动收益"项目的数字填列，如为净收益，以"—"号填列。"财务费用"项目，反映企业本期发生的应属于筹资活动或投资活动的财务费用。本项目可根据"财务费用"科目的本期借方发生额分析填列；如为收益，以"—"号填列。"投资损失（减：收益）"项目，反映企业本期投资所发生的损失减去收益后的净损失。本项目可根据利润表上"投资收益"项目的数字填列；如为投资收益，以"—"号填列。

"递延所得税资产减少"和"递延所得税负债增加"项目，分别反映企业本期与净利润相关的递延所得税资产减少和递延所得税负债增加。可分别根据资产负债表"递延所得税资产""递延所得税负债"项目的期初、期末余额的差额分析填列。递延所得税资产的期末数小于期初数的差额，以及递延所得税负债的期末数大于期初数的差额，以正数填列；递延所得税资产的期末数大于期初数的差额，以及递延所得税负债的期末数小于期初数的差额，以"—"号填列。

"存货的减少（减：增加）"项目，反映企业本期存货的减少（减：增加）。本项目可根据资产负债表上"存货"项目的期初、期末余额的差额填列；期末数大于期初数的差额，以"—"号填列。"经营性应收项目的减少（减：增加）"项目，反映企业本期经营性应收项目（包括应收账款、应收票据和其他应收款中与经营活动有关的部分及应收的增值税销项税额等）的减少（减：增加）。"经营性应付项目的增加（减：减少）"项目，反映企业本期经营性应付项目（包括应付账款、应付票据、应交税费、其他应付款中与经营活动有关的部分以及应付的增值税进项税额等）的增加（减：减少）。

2. 基于投资活动中产生的现金流量

现金流量表中的投资活动包括不属于现金等价物的短期投资和长期投资的购买与处置、固定资产的购建与处置、无形资产的购置与处置等。投资活动产生的现金流量应首先区分现金流入与现金流出，在此基础上再细分为若干项目。

（1）投资活动产生的现金流入。投资活动产生的现金流入可分为以下项目：①"收回投资所收到的现金"项目，反映企业出售、转让或到期收回除现金等价物以外的交易性金融资产、长期股权投资而收到的现金，以及收回持有至到期投资本金而收到的现金。不包括持有至到期投资收回的利息，以及收回的非现金资产。②"取得投资收益所收到的现金"项目，反映企业因各种投资而分得的现金股利、利润、利息等。③"处置固定资产、无形资产和其他长期资产所收到的现金净额"项目，反映企业处置固定资产、无形资产和其他长期资产所取得的现金，扣除为处置这些资产而支付的有关费用后的净额。由于自然灾害所造成的固定资产等长期资产损失而收到的保险赔偿收入，也在本项目反映。④"收到的其他与投资活动有关的现金"项目，反映企业除上述各项以外，收到的其他与投资活动有关的现金。其他与投资活动有关的现金，如价值较大的，应单列项目反映。

（2）投资活动产生的现金流出。投资活动产生的现金流出可分为以下项目。

首先，"购建固定资产、无形资产和其他长期资产所支付的现金"项目，反映企业购买、建造固定资产，取得无形资产和其他长期资产所支付的现金，不包括为购建固定资产而发生的借款利息资本化部分，以及融资租入固定资产支付的租赁费。支付的借款利息和融资租入固定资产支付的租赁费，应在筹资活动产生的现金流量部分单独反映。本项目可根据"固定资产""在建工程""无形资产""库存现金""银行存款"等科目的记录分析填列。

其次，"投资所支付的现金"项目，反映企业对外进行权益性投资和债权性投资所支付的现金，包括企业取得的除现金等价物以外的交易性金融资产、长期股权投资、持有至到期投资所支付的现金，以及支付的佣金、手续费等交易费用。本项目可根据"长期股权投资""持有至到期投资""交易性金融资产""库存现金""银行存款"等科目的记录分析填列。企业购买股票和债券时，实际支付的价款中包含的已宣告但尚未领取的现金股利或已到付息期但尚未领取的债券利息，应在投资活动产生的现金流量部分的"支付的其他与投资活动有关的现金"项目中反映；收回购买股票和债券时支付的已宣告但尚未领取的现金股利或已到付息期但尚未领取的债券的利息，在投资活动产生的现金流量部分的"收到的其他与投资活动有关的现金"项目中反映。

最后，"支付的其他与投资活动有关的现金"项目，反映企业除上述各项以外，支付的其他与投资活动有关的现金。其他与投资活动有关的现金，如价值较大的，应单列项目反映。本项目可根据有关科目的记录分析填列。

3. 基于筹资活动产生的现金流量

现金流量表需要单独反映筹资活动产生的现金流量。筹资活动产生的现金流量应首先区分现金流入与现金流出，在此基础上再细分为若干项目。

（1）筹资活动产生的现金流入。筹资活动产生的现金流入可分为以下几个项目：①"吸收投资所收到的现金"项目，反映企业收到的投资者投入的现金，包括企业以发行股票、债券等方式筹集资金时实际收到的款项净额。以发行股票、债券等方式筹集资金而由企业直接支付的审计、咨询等费用，在"支付的其他与筹资活动有关的现金"项目中反映，不从本项目内扣除。本项目可根据"实收资本"（或"股本"）、"库存现金"、"银行存款"等科目的记录分析填列。②"借款所收到的现金"项目，反映企业举借各种短期、长期借款所收到的现金。本项目可根据"短期借款""长期借款""库存现金""银行存款"等科目的记录分析填列。③"收到的其他与筹资活动有关的现金"项目,反映企业除上述各项目外,收到的其他与筹资活动有关的现金,如接受现金捐赠等。其他与筹资活动有关的现金,如价值较大的,应单列项目反映。本项目可根据有关科目的记录分析填列。

（2）筹资活动产生的现金流出。筹资活动产生的现金流出可分为以下几个项目：①"偿还债务所支付的现金"项目,反映企业以现金偿还债务的本金,包括偿还金融企业的借款本金、偿还债券本金等所导致的现金流出。企业偿还的借款利息、债券利息,在"分配股利、利润或偿付利息所支付的现金"项目中反映,不在本项目中反映。本项目可根据"短期借款""长期借款""应付债券""库存现金""银行存款"等科目的记录分析填列；②"分配股利、利润和偿付利息所支付的现金"项目,反映企业实际支付的现金股利、利润,以及支付的借款利息和债券利息等。本项目可根据"应付股利""财务费用""长期借款""应付债券""库存现金""银行存款"等科目的记录分析填列。③"支付的其他与筹资活动有关的现金"项目,反映企业除上述各项外,所支付的其他与筹资活动有关的现金,如捐赠现金支出等。其他与筹资活动有关的现金,如价值较大的,应单列项目反映。项目可根据有关科目的记录分析填列。

4. 基于附注披露补充资料的方法

附注披露补充资料的内容取决于"经营活动产生的现金流量"部分是采用直接法还是间接法编制。

（1）直接法。如果"经营活动产生的现金流量"部分采用直接法编制,则补充资料部分需要反映以下三类内容：首先,将净利润调节为经营活动现金流量。相当于提供按间接法反映的经营活动产生的现金流量。其次,不涉及现金收支的投资和筹资活动。该部分反映企业一定期间内影响资产或负债但不形成该期间现金收支的所有投资和筹资活动的信息。这些投资和筹资活动虽然不涉及现金收支,但对以后各期的现金流量有重大影响。不涉及现金收支的投资和筹资活动主要包括以下项目：①"债务转为资本"项目,反映企业本期转为资本的债务金额；②"1年内到期的可转换公司债券"项目,反映企业1年内到期的可转换公司债券的金额；③"融资租入固定资产"项目,反映企业本期融资租入固定资产"长期应付款"科目的金额。最后,现金及现金等价物净增加情况。

（2）间接法。如果"经营活动产生的现金流量"部分采用间接法编制,则补充资料部分只需反映以下两项内容：①不涉及现金收支的投资与筹资活动；②现金及现金等价物净增加情况。

第六章 财务信息质量的管控技能培养

在企业集团发展壮大的过程中，财务信息质量不仅影响企业集团的健康发展和战略决策，而且会影响利益相关者对企业集团的信任和信心，甚至影响大资本市场的繁荣。制定财务信息质量的管控策略，将 IT 同财务核算与管控理论融合，并进行财务集中核算与管控模式、财务核算共享服务模式的创新，能够提高全集团财务信息质量，并保证企业集团统一的制度得到有效执行。基于此，本章重点论述财务信息质量管控策略的整体规划、财务统一核算制度与管控的组织设计、内部交易协同与控制流程设计、多视角动态查询与财务报告。

第一节 财务信息质量管控策略的整体规划

一、财务核算模式的基本理念

随着企业集团的发展壮大，企业集团的管理难度加大，尤其是企业集团普遍存在跨地域经营现象，没有信息技术支持的分散财务管控模式导致财务信息失真、集团对分（子）公司管控弱化等，这些问题已经引起企业集团的高度重视。一些学者和企业集团纷纷进行财务管控创新，例如：实行财务总监委派制和财务人员资格管理制度，实现财务核算的集中和统一管理；通过建立统一的集团财务制度和内部审计制度，实现财务制度的集中核算与管控；等等。这些方法在提升企业集团财务管控水平上起到了一定的作用，但是也存在诸多问题。在信息时代，要提升企业集团财务管控水平，除了上述方法外，还可以将信息技术与先进的管理方法有机融合，构建互联网环境下的财务核算与管控模式。

（一）财务集中核算与管控

财务集中核算与管控指的是在全集团制定统一的核算制度、统一的核算流程、统一的控制机制、统一的会计报告模型，以及统一的网络核算信息系统，并将组织、制度、流程、模型等嵌入信息系统。实现全集团数据集中、信息集中和管理集中，使企业集团总部能够通过网络实时掌控全集团各个分（子）公司的经济业务和经济成果，保证全集团财务数据的真实、准确和有效。

这种模式的建立会涉及企业集团一些分（子）公司的利益，分（子）公司的职务消费、突破企业集团制度红线、粉饰报表等问题将会在一定程度上有所暴露，因此，分（子）公司与企业集团总部达成战略共识十分重要。目前，我国一些领先的企业集团已经实现了财务集中核算与管控模式，如三峡集团、中建国际、中国电子信息集团、中石油集团等，在保证财务信息真实、准确、有效的同时，解决了集团与成员单位的信息不对称问题，能够对分（子）公司进行实时管控，并能够按照集团战略管理的需求，提供多视角的财务报告。

（二）财务核算共享服务

财务核算共享服务是在集中核算与管控模式的基础上，进一步进行财务组织的变革形成的，即将原来分散在企业集团不同分（子）公司或者业务单元的核算岗位和业务从原来的分（子）公司或者业务单元中分离出来，成立独立的组织——财务核算共享服务中心，由该中心为企业集团分（子）公司或者业务单元提供统一的财务核算、业务管控和服务业务。

跨国公司市场经营的主要特征是全球化、合并、兼并和整合，这要求公司进行标准化经营以保持竞争优势。20世纪90年代后期，跨国企业集团为了提高效率、降低成本，纷纷建立起一个组织，将各个成员单位共同的、简单的、重复的、标准化的业务集中于这个组织，实施全集团的共享服务。因此，共享服务中心（Shared Service Centre，SSC）诞生了，并日益受到企业集团的欢迎[①]。

这种模式的建立在财务管理理念上是一种更大的突破，它不仅规避了分（子）公司或者业务单位的职务消费、突破企业集团制度红线、粉饰报表等问题的发生，而且将由分（子）公司或者业务单元直接管理的财务部和相应的核算业务剥离出来，财务核算人员不隶属于分（子）公司和业务单元，不由CEO团队管理，一方面让分（子）公司或者业务单元的CEO团队专心从事业务活动，另一方面削弱了CEO团队对财务核算的控制，从组织上进一步强化了集团总部的管控能力。

财务核算集中管理模式、财务核算共享服务模式不是一日建成的，核算业务（如经营费用、应收账款、应付账款、总账、报表等）中哪些可以集中，哪些应从分（子）公司

---

① 成静，彭代斌. 大数据管理与会计信息质量［J］. 中国注册会计师，2018（09）：52-56+3.

或者业务单元剥离到财务核算共享服务中心？何时剥离？应该在集团的哪个层级建立共享服务中心？这些问题没有统一的答案，应该根据企业集团的管控需求进行脑力的激荡、观点的辨析以达成共识，并进行渐进式的变革与创新。两种模式的组织设计的不同之处见表6-1[①]。

表6-1 两种模式的组织设计的不同之处

	财务核算集中管理模式	财务核算共享服务模式
管理理念	在全集团制定统一的核算制度、核算流程、控制机制、会计报告模型，以及统一的网络核算信息系统，并将组织、制度、流程、模型等嵌入信息系统	在集中核算与管控模式的基础上，进一步进行财务组织的变革，建立独立的组织——财务核算共享服务中心，从各个分（子）公司财务部门提供核算服务转变为由财务核算共享服务中心为企业集团分（子）公司或者业务单元提供统一的财务核算和服务
组织管理	财务核算组织隶属于分（子）公司或者业务单元，由CEO团队管理	财务核算组织完全独立于分（子）公司或者业务单元，由共享中心管理
服务对象	一个分（子）公司或者业务单元的经济业务	企业集团各个分（子）公司或者业务单元的经济业务
管控要素	集团统一制定制度、流程、模型，并嵌入基于网络的IT环境	集团统一制定制度、流程、模型、信息系统，并嵌入基于网络的IT环境；另外由于财务组织远离服务对象，因此需要设计跨越组织和时空的审批流程等
信息系统	基于C/S技术架构的IT环境	基于云技术架构的IT环境，由于财务组织远离服务对象，因此需要应用更多、更新的信息技术，如图像扫描技术、云计算技术、电子签名技术等

二、IT环境中财务核算与管控

（一）IT环境中财务核算与管控的基本目标

不同企业集团在不同阶段的财务核算与管控目标不尽相同，从总体上看，财务核算与管控的目标是在IT环境中建立集团统一的财务核算体系，正确、及时、有效地反映和管控企业集团经营活动，满足企业集团和利益相关者提供财务报告的要求。通常来讲，其目

---

① 张瑞君. 企业集团财务管控［M］. 北京：中国人民大学出版社，2015.

标包括以下几点：

(1) 建立满足财务会计和管控要求的多元化组织结构。

(2) 建立集团统一的核算基础和内控制度、流程、核算模型。

(3) 建立集团统一的支持财务核算与控制的信息系统。

(4) 按照集团统一的制度自动收集各个分（子）公司的数据，保证财务信息及时、正确、有效。

(5) 有效支持集团成员的内部协同交易，解决集团企业成员之间对账难的问题。

(6) 及时提供对外的企业集团、各成员单位的财务报告和战略单元报告。

(7) 实现企业集团对分（子）公司的财务状况的动态监控和管理。

（二）IT环境中财务核算与管控的基本内容

不同企业集团的财务核算与管控的内容也不尽相同，通常来讲，财务核算与管控的内容包括以下几点：

(1) 核算：根据企业集团各个分（子）公司和业务单元发生的经济业务，实时收集信息，控制业务的真实性和合理性，并生成记账凭证和账簿等会计档案。这些会计档案不仅能够正确、真实、完整、及时地反映企业集团各个分（子）公司、管理部门的财务状况和经营成果，还能够反映整个企业集团的财务状况和经营成果，集团总部和各层级相关管理者可以跨越时空实时穿透式查询，透视下属单位的科目、凭证、账簿。主要的核算内容包括网上报销业务、应收账款、应付账款、固定资产、存货、现金收支、投融资等。

(2) 控制：企业集团总部、各个分（子）公司、业务单元、管理组织编制预算指标，财务人员在对经济业务处理和核算的过程中进行实时预算控制；通过网络获取业务部门的信息（如采购合同、销售合同等），对经营业务的合规性进行实时控制；根据企业集团制定的制度和流程，进行跨越时空的审批控制等，其目的是保证企业集团统一的制度和政策得到有效执行。

(3) 报告：根据企业集团利益相关者（财政部门、税务部门、行业主管部门等）的需要，企业集团、分（子）公司提供反映企业财务状况和经营成果的对外报告；根据企业集团各级管理者经营管理的需要，动态、实时地提供各种管理报告。这些报告不是层层汇总、合并形成的，而是根据企业集团财务核算系统中同一共享数据和信息生成的。无论是企业集团总部还是分（子）公司和管理组织，生成的报告都具有高度的一致性。

为了完成上述财务核算与管控，CFO团队需要规划相应的IT平台并配置相应的软件资源。

三、IT平台下财务核算与管控的资源配置

企业集团的特点是跨地域、跨行业、经营多元化，在非网络化环境下，要实现信息资源的集中几乎是不可能的，即便是CFO团队达成了选择集中或共享模式，也只能是空中楼阁，无法落地。以网络为代表的信息技术的迅猛发展，能够使信息打破空间、时间的界限，为企业集团从根本上实现财务核算与管控模式创新提供保障。所以，CFO团队必须规划支持财务核算与管控模式的IT环境，配置支持核算与管控的组件，形成最终的财务核算与管控的软件架构。

如果企业集团管控选择集中模式，IT环境就要选择基于C/S技术架构的网络环境；如果企业集团管控选择共享服务模式，IT环境就需要引入新的技术（移动互联技术、图形扫描技术、智能手机短信技术、云计算技术等），不断完善IT环境，使其成为能够支持财务核算共享服务的云环境。①

IT环境中的财务核算与管控软件架构通常需要配置以下组件：

（1）信息收集组件与监控组件、分析与评价组件。一般情况下这类组件包括：费用预算模块、总账模块、网上报销模块、应收应付模块、固定资产模块、存货模块、工资核算模块、财务分析与财务报告模块等，这些模块基本属于信息收集与监控组件，以及简单的分析与评价组件。

（2）定义与映射组件。为了保证企业集团纵向价值链财务管控的信息质量并降低管理成本，必须选择具有定义和映射组件概念的若干模块，这是集团财务核算、控制与报告同单一企业财务核算与报告最大的区别。企业集团CFO要站在整个集团财务战略管理的高度，选择多元化组织结构设置模块、统一科目体系设置模块、财务核算流程设置模块、集权与分权"控制"权度设置模块、集团内部协同单据设置模块、支持财务业务一体化凭证模板的设置模块、集团统一报告体系设置模块等。只有在这些模块被选择并嵌入优化价值链的IT环境后，集团CFO才能利用信息系统定义集团的统一的财务政策和制度等，将信息技术与集团管理制度和政策有机融合，支持集团财务信息的动态反映和实时管控。

（3）软件架构。将这些组件有机地组合，就形成了财务集中核算与管控的软件架构。图6-1②为企业集团财务核算与管控的软件架构示意图。

---

① 张建伟，盛振江. 现代企业管理 [M]. 北京：人民邮电大学出版社，2011.
② 季光伟. 财务管理 [M]. 北京：清华大学出版社，2010.

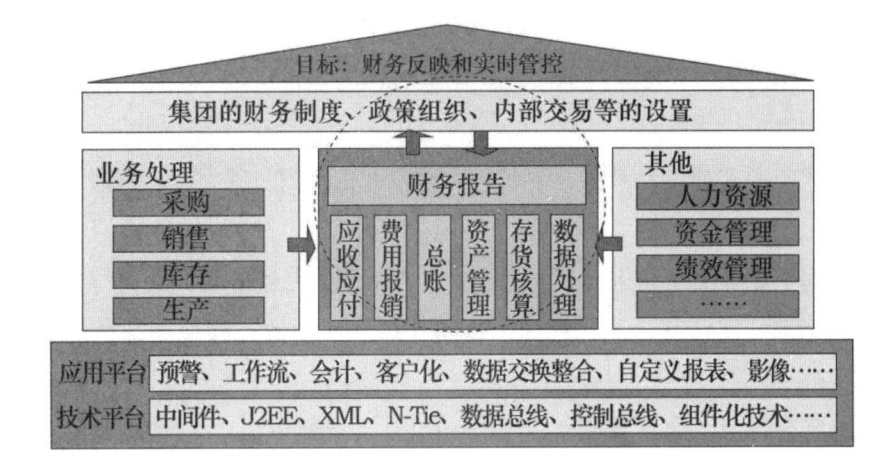

图 6-1　财务集中核算与管控的软件架构示意图

在认同财务核算与管控创新理念、明确具体目标和内容、规划 IT 环境的基础上，还需要 CFO 进一步思考，在基于财务核算与管控的 IT 环境中，如何进行组织设计、制度设计、流程设计、模型设计等，并嵌入 IT 环境，最终形成支持企业提升财务信息质量的管控策略。

第二节　财务统一核算制度与管控的组织设计

一、集团统一会计核算制度

在传统的核算模式下，由于集团企业下属单位的会计核算基础不统一、不规范以及内控制度不健全，造成会计信息核算的口径不一致，成员之间会计信息不可比，汇总的信息不正确，集团无法正确掌控下属成员的信息，很难对下属企业实施财务监控。在 IT 环境下，通常通过定义和映射组件，对集团的会计核算政策（如存货计价方法、退库成本、固定资产折旧分配周期、折旧方法、坏账计提方法等）、会计科目体系、内控制度、核算流程、控制权进行设计，固化在共享的 IT 环境中，使得全国各地的分（子）公司通过网络共享集团的统一会计核算基础和内控制度，并有效地贯彻和执行，提高会计信息的可比性和一致性。下面就几个关键问题进行论述。

（一）集权与分权的"控制权"配置

随着市场经济的发展，我国企业集团呈规模化发展之势，企业发展越快、规模越大，管理和控制问题就越突出。为了提高企业集团的会计管理水平，有效地控制集团成员的资金、费用，支持集团或总部的管理决策，很多公司在集权和分权"控制权"的选择上犹豫不定。

集权与分权中的"权"主要是指管理权，表现在生产权、经营权、财务权和人事权等方面。

事实上，对于企业集团而言，不同的战略，在不同的发展阶段，集权与分权的"控制权"选择和"权度"的安排也不尽相同。集团管理软件能够很好地支持企业集团就集权与分权做出选择。

在集中核算模式下，所有分（子）公司的财务信息都集中于集团的IT环境，各种财务制度、流程、模型等也可以保存在IT环境下的数据库中，并且集团财务部门可以通过定义组件（参数配置）将财务核算政策、资产折旧政策、薪酬政策、费用报销政策等设置在企业集团的不同组织层次〔分（子）公司/事业部〕上，即在不同控制层面上设置控制参数，并保存在数据库中；实施控制时，系统自动识别控制政策，指导、约束企业集团成员的行为，从而实现企业集团期望的集权或分权控制。

在集中核算和报告模式下，如果企业集团希望采用集权管理和控制方式，则会由集团出台各种政策，不允许下属成员单位修改，使所有成员都在系统的监督和控制下，严格按照上述政策执行，在业务的组织、管理、执行和控制等方面实现高度集中。由于集中核算和报告模式建立在集成的IT环境中，集团总部和分（子）公司的信息实现实时共享，因此，行政集权下的决策效率低下问题可以得到有效解决。如果企业集团为了调动分（子）公司或者事业部的积极性，将不同的政策和控制设置在不同的层级，就可以有效地实现集权与分权相结合的控制模式。图6-2举例论证了这一点[①]。

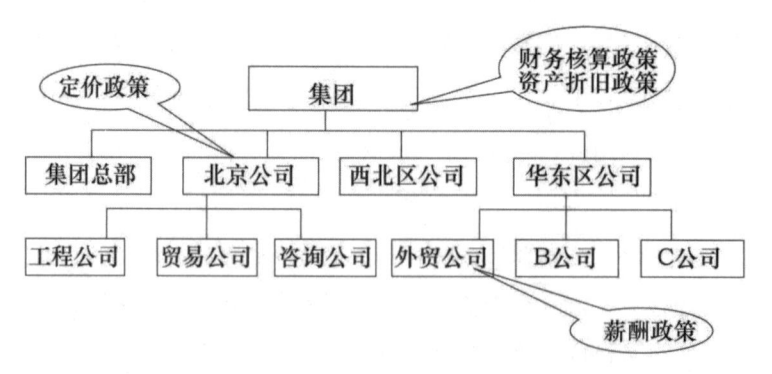

图6-2 集团组织结构与控制权关联的配置

---

① 本节图片引自：季光伟. 财务管理［M］. 北京：清华大学出版社，2010.

从图中可以看出，该集团拟实施统一的财务核算政策和资产折旧政策，则在集团层面上设置控制参数，这样集团可以对所有成员就财务核算和资产折旧进行控制；二级分公司（或子公司）北京公司需要特殊的销售政策，则可以在此层面上设置参数，这样二级分公司可以对其下属的三级、四级孙公司等进行销售控制；孙公司（并且是末级公司）是一个外资企业，有特殊的薪酬政策，则可以在此层面上设置参数，这样该公司的管理者可以对薪酬进行控制。

（二）集团与分（子）公司会计科目体系的设置

会计科目在账务处理中用于对经济业务进行分类，是某类经济业务的分类标志，是核算的基础。所以，对于企业集团而言，制定统一的会计科目体系，就能够保证整个集团经济业务分类的一致性和可比性，保证资产、负债、所有者权益、收入、费用、利润等要素确认的唯一性和一致性[1]。但是，企业集团是经济利益的联合体，不同的分（子）公司所处的行业不同、性质不同、核算的要求不同，其会计科目体系也就不同。

在集中核算和报告模式下，既要制定集团统一的会计科目体系，保证整个集团经济业务分类的一致性和可比性，又要体现分（子）公司核算的特殊性。其解决问题的策略如下。

（1）企业集团总部财务部门首先了解集团成员单位的经济业务、会计科目体系的建立要求，然后设计能够涵盖整个集团经济业务分类的会计科目体系。

（2）集团财务通过集团管理软件的定义组件将整个集团的会计科目体系保存在共享数据库中。

（3）各个分（子）公司根据所处行业的性质和核算要求，通过映射组件将满足本公司核算要求的会计科目映射到相应的分（子）公司，在集团统一的科目体系的基础上，根据精细核算的需要，增加下级科目，保证整个集团会计核算口径和会计科目体系的一致和规范。

（三）集团内部控制制度的配置策略

在非集中核算模式下，由于缺少有效的集成IT环境的支持，集团成为制度的倡导者，下属成员单位成为制度的设计者和执行者，集团制定的内部控制制度在下级单位无法得到有效的贯彻执行。在集中核算模式与共享服务模式下，集团管理软件提供定义组件支持集团参数设置、权限设置、审批设置、预警设置，将其保存在数据库中，在制度上和权限上

---

[1] 欧阳令南.财务管理——理论与分析[M].上海：复旦大学出版社，2005.

加以落实，从而保障内控制度在整个集团的贯彻和执行。

（1）通过系统参数强制贯彻内部控制制度。一般来讲，集团管理软件支持很多控制参数的设置，参数分为集团级参数和公司级参数，可由集团进行统一设置。这些参数对业务处理流程和相关操作进行控制，有效落实内部牵制制度、不相容职务分离制度。如：在业务流程中，制证、审核权限分开，从而贯彻相互牵制制度；在总账凭证审核中，本人不能审核自己提供的单据，强制贯彻不相容职务分离制度；在应收账款中，设置录入人和审核人是否为同一人，审核人和反审核人是否为同一人等，一旦设置，整个集团的成员不得修改，只能执行。

（2）以严格的权限设置来落实内部控制制度。一般来讲，集团管理软件支持权限设置，可以按照人员、角色分配权限，保证各操作人员在职责范围内进行相关业务处理，提高数据安全性。可以设置的权限有：人员权限和角色权限、功能权限、主体账簿权限、数据权限等。

（3）对重大事项的审批设置强化事中控制。针对整个集团在运营中的重点业务通过审批流平台设置来加强控制，即通过审批人设置、审批人权限设置、审批流程设置、审批管理制度的制定和执行，以减少运营风险。

二、集团财务组织设计与管控

（一）母子公司组织结构下的财务组织

传统集团的财务组织通常是按照法人的概念设立的。企业集团每开办一家新的分（子）公司，就应该成立一个新的财务组织，其目的是正确反映该公司的财务状况和经营成果，利用财务信息控制本企业的经济业务活动，并为企业外部的利益相关者（工商部门、税务部门、财政部门、银行等）和本企业的管理者提供财务报告。分（子）公司的财务组织由本企业 CEO 团队管理。

从纵向价值链视角看，集团总部的财务核算与管控主要是汇总、合并下属分（子）公司的财务报告，从而形成反映企业集团财务状况和经营成果的报告，并对集团重大经济活动进行监控。

（二）事业部组织结构下的财务组织

随着时间的推移，企业集团面临的多元化相关问题开始增多，管理者必须寻找新的方式来组织他们的活动，以解决与组织有关的问题。许多企业集团管理者选择了事业部结构（divisional structure）。各事业部在集团总部的统一领导下，实行独立经营、单独核算、自负盈亏。事业部下的企业（法人组织）按照不同的性质与特征确定为成本中心、收入中心、利润中心，由事业部进行控制考核。事业部结构也称多部门结构（multi divisional structure），主要有三种形式，即产品结构、区域结构、市场结构。典型的以产品来组织的事业部结构如图6-3所示。

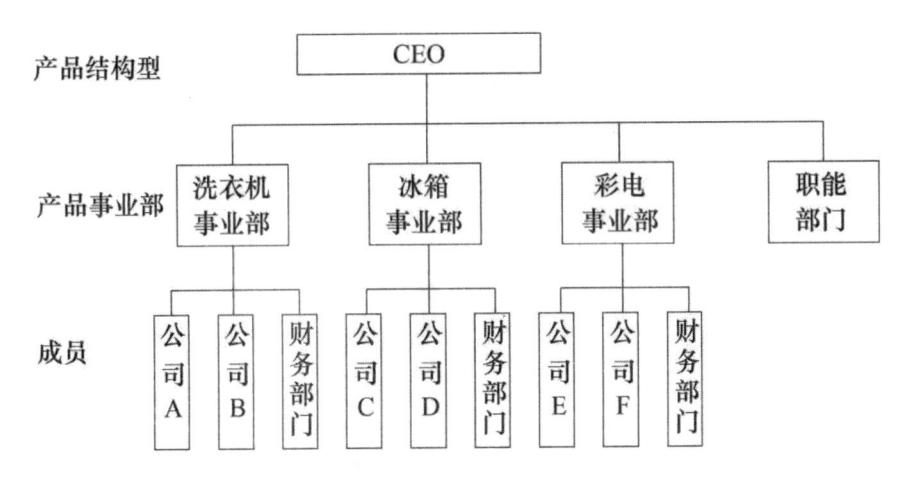

图6-3 事业部组织结构示例

在事业部组织结构下，分（子）公司设立财务部门，与此同时，还要突破法人概念，在事业部设立财务部门。

从财务控制权看，事业部组织结构下的财务控制通常采用分权控制，即将重大经济事项的控制权放在集团总部，将大部分财务控制权下放到事业部层级，总部和事业部分别安排不同的控制权。

（三）矩阵型组织结构下的财务组织

产品、市场或者区域事业部结构使管理者可以对他们面临的特殊环境做出更迅速、更弹性的反应。然而，当环境是动态的、迅速变化且具有高度不确定性时，即使是事业部结构也不可能给管理者提供足够的弹性以迅速对环境做出反应。

当客户需求或者技术迅速变化，而且未来的经营环境非常不确定时，管理者必须设计最具弹性的组织结构：需要同时利用职能型和事业部型两种结构的优点，既需要职能部门内的专业技术知识，又需要职能部门之间的紧密横向协作。比如，一个跨国公司需要在职能部门、产品与地理位置之间进行协调。因此，一种矩阵型结构（matrix structure）诞生了。典型的矩阵型结构如图6-4所示。

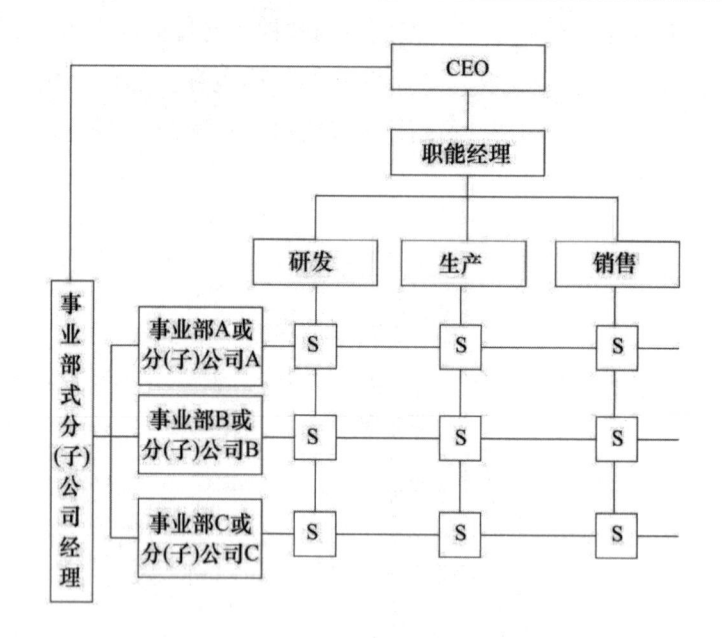

图6-4 矩阵型组织结构示例

在图6-4中，S是有两位上司的员工。当员工处于同一职能部门时，他们互相学习，从而变得更加熟练并具有更高的生产力；当员工被组合成事业部〔或者分（子）公司〕时，来自不同职能的小组成员一起工作，服务于某种产品的生产。

结果产品小组各职能之间形成了一种复杂的网络关系，使得矩阵型结构更具弹性。事业部的每个员工向两位上司汇报：一位是职能上司，他把个人安排到事业部，并从职能的角度评价员工的绩效；另一位是事业部的上司，他根据员工在事业部中的表现给予评价。

在分（子）公司和事业部都可以设立财务组织。

1. 基于横向视角

基于横向视角，每个事业部或者分（子）公司的财务核算与管控需求如下：

（1）财务部门对事业部或者分（子）公司的经营活动（采购、生产、销售等）进行实时反映、核算、控制，并提交财务报告。

（2）财务部门提供双向信息：一方面为事业部或者分（子）公司各级管理者提供事业部或者分（子）公司、员工的财务报告和评价信息；另一方面从集团管理的视角按照纵向价值链的管理需求，为集团提供财务报告和评价信息。

2. 基于纵向视角

基于纵向视角，集团的财务核算与管控需求如下：

（1）集团财务部门负责编制多角度的财务报告；除编制对外的财务报告（资产负债表、利润表、现金流量表）以外，还需要收集下属成员的财务信息，并按照员工、业务群组、业务线、经营板块等提供内部的管理和控制报告。

（2）集团财务部门负责对集团重大经济活动进行监控，并合理配置整个企业集团的资源。

3. 基于财务核算、控制和报告

基于财务核算、控制和报告，集团的财务核算与管控需求如下：

（1）战略层面，集团董事会和最高管理层承担组织结构、公司目标、营销策略、财务策略、长期计划等方面的责任。

（2）战术层面，区域组织高级管理人员在区域资产处置、资金调拨、经营过程控制等方面承担责任的同时，集团从纵向业务群组的角度承担此类业务的审批权。

（3）业务层面，突破了法人概念，横向组织的财会部门按照横向区域出具报表，对会计信息的准确性、可靠性承担责任；集团财务部门利用集成的 IT 环境从各个法人实体处收集信息。按照业务群组出具纵向报表，对会计信息的准确性、可靠性承担责任，并在横行和纵向上共同承担控制责任。

（4）财务控制权方面，集团财务的纵向控制权大于横向组织的控制权。例如，集团财务需要根据企业集团管理的要求按产品（如某一系列产品、单一产品）、按某一特征（如订单、项目、小组）、按业务（独立核算的单位）、按群组（某些独立核算的单位）、按公司或集团进行多视角的分析，并实施财务控制。又如，集团财务通过制定控制制度来规范整个集团的控制体系并从横向和纵向实施控制：根据标准值的设定进行警告控制；根据项目计划进行费用支出控制；根据合同付款条款进行付款或费用支出的控制；通过系统设置权限，对查询数据范围进行控制；设定签字权限审批规范，对费用的支出、合同的签订，通过上一级审批方式进行控制。

（四）集团财务共享服务的组织

随着企业集团的发展和壮大，企业集团的组织结构也不断发生变化。为了使财务部门能够核算、控制和报告不同组织的财务状况和经济成果，近年来一些跨国企业集团开始探索，将分散在企业集团不同公司、业务单元、集团总部中的财务部门分离出来，设立财务核算共享服务中心，由这个中心为全集团不同的业务单元、公司、项目等核算单元提供财务核算和报告。

财务核算共享服务中心不因企业集团组织形态的变化而变化，它是一个独立于业务单元的财务组织，并通过网络跨越时空地为全集团提供实时、高效、低成本的服务。

第三节 内部交易协同与控制流程设计

随着科学技术的迅速发展,企业的经营在地域上不断扩大;企业致力于开发新产品,开拓新市场,并向前、后环节渗透,将生产、分配、销售和其他经济活动过程结合起来;同时,随着经营的多元化,企业涉及的领域也不断扩张。这种纵向一体化和横向一体化的发展,使得在企业内部相互交易变得十分普遍。具体到集团公司内部,主要有以下五种内部交易:①实物商品转移交易;②劳务服务转移交易;③无形资产转移交易;④资金拆借转移交易;⑤租赁转移交易。

一、对财务管控中内部交易的影响

集团成员单位的内部交易促进了集团内部资源的利用和各主体的协同,同时使得企业集团财务管控与单一企业相比有了很大的不同。一方面,集团成员单位的内部交易改变了内部交易成员单位的资产、负债、收入、费用等,在交易过程中产生相应的单据(如应收单、应付单),在财务上反映交易双方的资产、负债、收入、费用等的增减变化;另一方面,从整个集团看,内部交易不影响集团的资产、负债、利润等的增减变化,为了正确反映整个集团的财务状况和经营成果,需要在编制集团资产负债表、利润表时将内部交易所产生的资产增加额、利润增加额等进行抵销,生成合并的集团财务报告。

但是,企业集团成员单位之间进行的内部交易,因双方入账的时间不一致、入账的科目不对应等原因,会导致月末内部交易对账困难重重,交易双方需要耗费大量的时间和资源寻找对账不平的原因,进行调账;与此同时,由于对成员单位内部交易的反映不正确、不及时,又给集团合并报表的编制工作造成了巨大影响。

在集中核算模式下,企业集团的成员单位都在共享的 IT 环境中,所以,集团 CFO 团队可以利用集团管理软件制定内部交易的协同策略:优化流程,提高内部交易的协同效率;进行协同凭证设置,实现内部交易数据的自动生成;建立集团内部交易的对账规则,解决企业集团成员之间对账难的问题,为企业集团正确反映整体财务状况和经营成果提供支持。

二、促进内部交易有效协同的策略

在企业集团内部成员单位比较少的情况下,反映内部交易的财务流程比较简单,实现内部交易单据协同处理比较容易。但是,当企业集团内部成员单位很多(几百个),内部交易业务很多，内部交易错综复杂，内部交易单据的生成、传递、转换、记账以及两个内部交易单位的对账等财务流程就变得更加复杂，企业集团内部交易对账难的问题就更加凸显。因此，集团 CFO 团队应该在集成的 IT 环境下优化流程，从理论层面上提出内部交易有效协同的策略。对于不同的企业集团来讲，优化哪些流程、如何优化流程不尽相同，CFO 团队应该认真分析自身企业集团内部交易的财务流程，找出那些非增值环节，以价值链理论为指导，按照 ESIA 的原则优化流程。

三、IT 环境下集团的单据协同处理

为了解决企业集团内部交易的协同处理，集团管理软件提供定义组件、信息获取组件等，支持财务人员定义业务单据的协同规则，为系统自动生成协同单据提供保证；支持财务人员定义凭证模板，为系统根据协同单据自动生成记账凭证提供保证。如图 6-5 所示①。

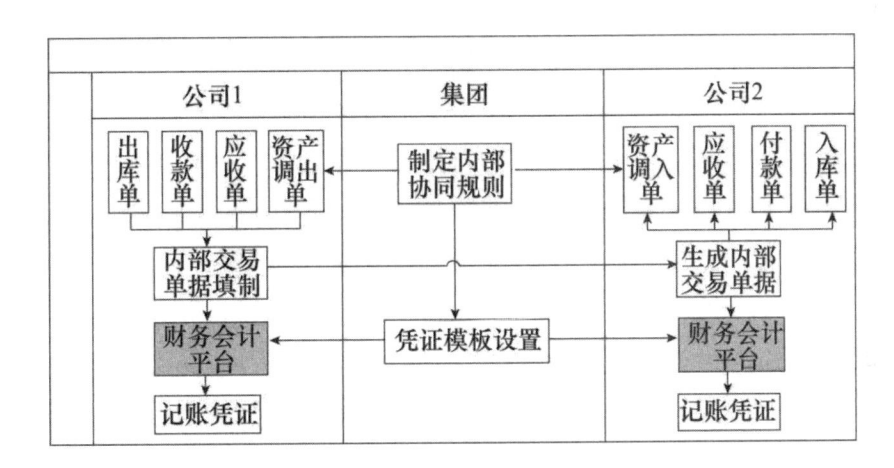

图 6-5 IT 环境下的单据协同处理策略

（1）通过定义组件设置集团内部交易的日常业务的单据协同规则。通过定义组件设置集团内部交易的日常业务的单据协同规则，其目的是告知系统在处理内部交易业务单据时，根据规则直接触发并生成对方相关单据。一般来讲，协同处理的单据主要包括：①出库单—入库单；②应收单—应付单；③收款单—付款单；④固定资产调出单—固定资产调入单。

（2）通过定义组件在动态会计平台上设置相应的凭证模板。通过定义组件在动态会计平台上设置相应的凭证模板，其目的是告知系统将相应单据自动转化成记账凭证的规则，

---

① 本节图片引自戴书松. 财务管理 [M]. 北京：经济管理出版社，2006.

从而保证系统能够自动根据内部交易各方的业务单据，通过动态会计平台生成协同记账凭证。

(3) 协同处理过程的基本原理。内部交易双方发生经济业务时，系统根据定义的单据协同规则自动生成协同单据，并通过网络传递给内部交易的双方，经确认后生成内部交易协同单据，并将双方单据保存在同一数据库中；系统根据凭证模板自动生成双方的记账凭证，并保存在同一数据库中[1]。IT 环境下的内部交易处理过程，从根本上保证了集团交易双方的单据、入账金额、入账科目等的一致性、及时性和准确性，进而解决了集团内部交易对账难的问题。

四、跨组织的费用预算控制流程设计

当企业集团形成合力与竞争对手抗衡时，企业集团内部各个分（子）公司之间、部门与部门之间将越来越紧密地合作，通过集团内部的资源合理配置，来提高企业集团的响应速度和竞争力。

下面以 H 集团为例阐述设计思路。H 集团参与国际重大项目的竞标，为了成功夺标，集团选出内部最具有实力的成员单位组成了竞标团队，由研发能力最强的研究院 A、施工效率最高的施工企业 B、国际服务能力最强的售后服务公司 C、国际化业务能力强的国际贸易公司 D 组成。竞标费用由公司 D 承担。此时，跨组织的费用预算控制流程的设计显得非常重要。

(1) 跨组织的费用借款与报销审批流程。跨组织的费用借款与报销审批流程设计如图 6-6 所示。报销人（借款人）来自不同地区或者城市的分（子）公司 A/B/C，参与集团竞标业务，不仅需要本公司或者部门领导审批，而且需要通过网络将信息跨越时空地传递给费用承担单位的管理者审批，同时还需要经财务核算部门或者财务核算共享服务中心审批。每一位审批者都根据集团统一的制度对费用预算进行审批，一方面在网络环境下保证业务协同运作，另一方面在预算的指导下保证业务在借款环节的事前控制，在报销过程中的事中控制。

---

[1] 戴书松. 财务管理 [M]. 北京：经济管理出版社，2006.

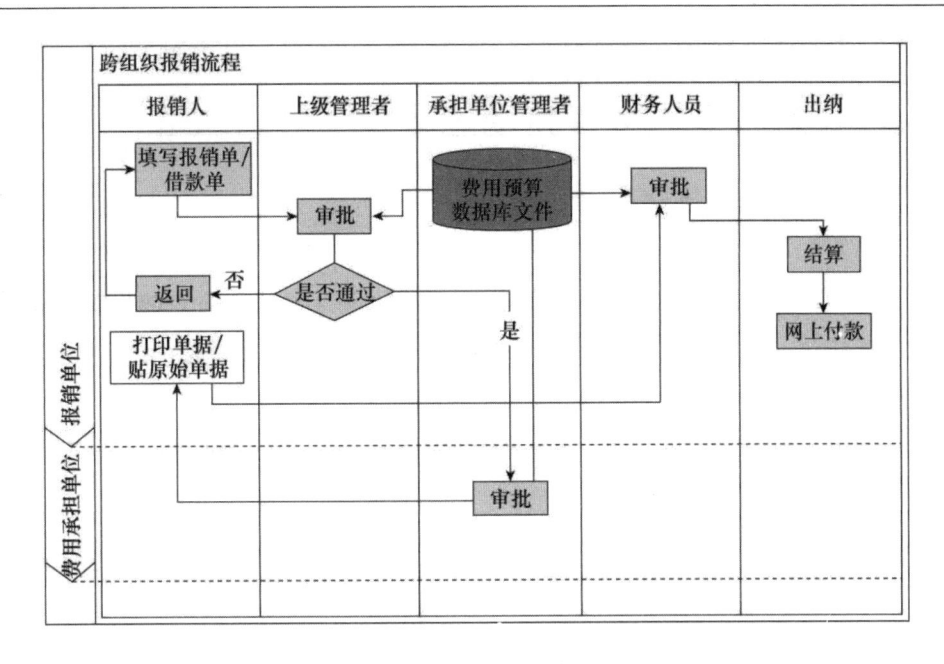

图 6-6　跨组织的费用预算控制流程

（2）预算控制的类型和方式。无论是财务集中核算模式还是共享服务模式，都在集团制定统一的费用预算，并将预算嵌入共享数据库，预算信息为集团所有成员单位共享，并作为费用控制的依据。不同分（子）公司、不同级别、不同部门的管理者都只有审批权限，可以从数据库中获得预算信息，并进行审批控制。

控制类型：分为"柔性控制"与"刚性控制"。柔性控制是指在不符合预算的情况下，信息系统会自动给出提示信息，审批者可以根据主观判断完成审批。刚性控制是指在不符合控制要求时，信息系统自动给出提示，并且不允许审批人根据主观判断完成审批，而是严格根据系统中预算数与实际数的对比，自动给出审批结果，这使得公司的预算得以有效执行。在 IT 环境中，企业集团可以将业务分类，并通过设置，将柔性控制和刚性控制有机结合，保证预算控制有效。

控制方式：按照总额控制：对所选择的控制对象要求借款（报销）的合计总额不能超过所设置的金额，一旦超过，按对应的控制类型（提示、不通过）进行相应处理，在借款（报销）单据保存、审批时执行该控制规则。按照单据张数控制：对所选择的控制对象要求录入的单据数量不能超过所设置的张数，超过时，按对应的控制类型（提示、不通过）进行相应处理，在单据保存、审批时执行该控制规则。按照天数控制：针对所选择的控制对象，要求在所设置的天数之前提示还款（报销），日期为单据审批/生效日期加上设置的借款天数后对应的日期，超过还款日期时，按对应的控制类型（提示、控制）进行相应处理，在借款单据保存、审批时执行该控制规则。

第四节　多视角动态查询与财务报告

在集中核算与管控模式下，整个企业集团实现了信息集成和集中核算与管控，因此，可以利用集团管理软件建立查询模型，并通过查询与报告组件，实时查询和生成集团法人成员单位财务报告、集团对外财务报告以及各种内部管理报告。此外，借助网络可以实现从报表—账簿—凭证业务的穿透查询[①]。

（1）成员单位的对外财务报告。在集中核算与管控模式下，企业集团实现了信息集成和集中核算与管控，因此，集团所有成员单位的财务信息都集中在总部的数据库中。此时集团财务人员只需要提供单位代码、查询报告日期段、报告名称等，管理软件就会实时获取信息、组织信息、展现信息，并将生成的财务报告显示出来。于是，可以通过财务报告了解企业的财务状况和经营成果，发现异常信息，及时进行有效的监控。

（2）集团对外财务报告。集团对外报告的生成比单一法人对外报告的生成要多几个环节，即首先要对成员单位内部交易活动进行对账、抵销内部交易，然后才能生成正确的合并报表。因此，集团管理软件提供定义组件、信息获取组件等，支持集团财务人员定义内部交易抵销规则，并通过信息获取组件从共享数据库中获取内部交易业务单据，在按照相应规则生成抵销结果的基础上，生成合并报表，如图6-7所示。

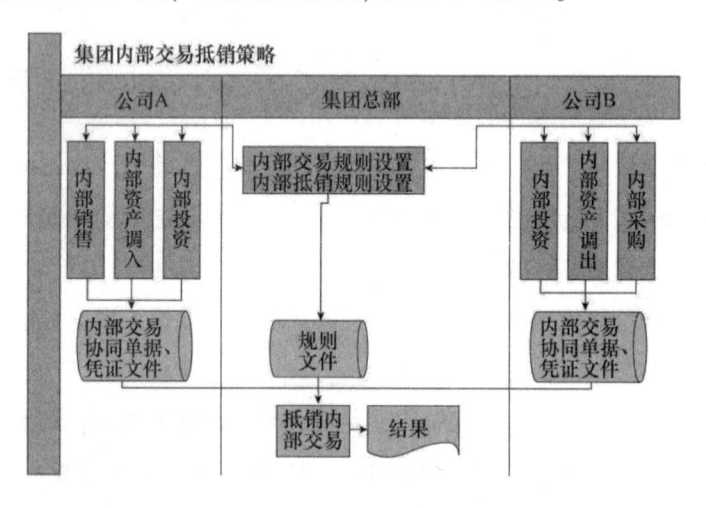

图6-7　集团内部交易抵销策略

（3）集团多视角管控报告。在集中核算与管控模式下，企业集团实现了信息集成和集

---

① 戴书松. 财务管理 [M]. 北京：经济管理出版社，2006.

中核算与管控，因此 CFO 应该从集团管理的视角设计更多的管控报告，并通过管理软件实时提供，以提升集团总部的管理和监控水平，如图 6-8 所示。

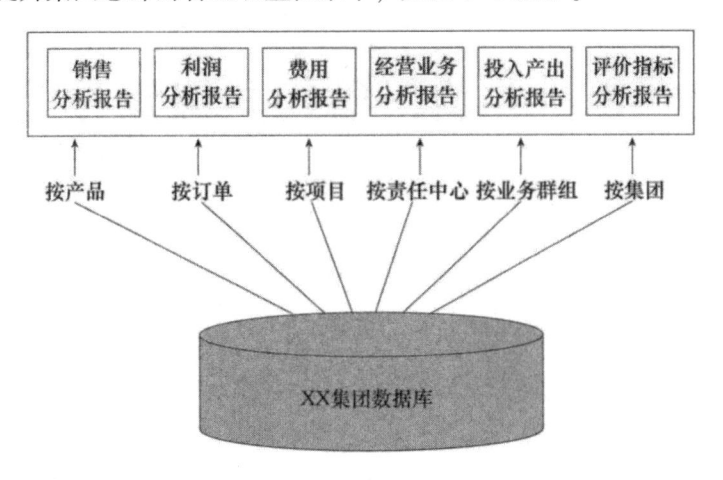

图 6-8　多视角管控报告

第七章 企业并购、重组与清算技能的培养

企业通过并购、重组来解决企业规模不经济、产业结构不合理和企业负债过重等问题，来促进资产存量在不同经济实体之间的优化组合，而清算在其中是至关重要的环节。本章重点研究企业并购技能的培养、企业重组技能的培养、企业清算技能的培养。

第一节 企业并购技能的培养研究

企业并购是社会经济发展的需要，对经济发展有很好的推动作用。很多企业在发展的过程中都会选择并购，让自己的企业变得更加强大。企业并购能优化企业内部资源，扩大企业发展范围，让企业在市场竞争中保持自己的优越性，这种经济活动是全球性的，也是频繁的。

一、并购的内涵

（一）并购的含义

并购是指在市场机制作用下企业为了获得其他企业的控制权而进行的产权交易活动。涵盖合并、兼并与收购。

（1）合并（combination）是指两家以上的公司依契约及法令归并为一个公司的行为。公司合并包括吸收合并和创新合并两种方式：吸收合并是指在有两家以上的公司参与的合并中，其中的一家公司因吸收了其他公司而成为存续公司的合并形式；创新合并是指两个或两个以上的公司通过合并创建一个新的公司。

（2）兼并（merger）是指一个公司采取各种形式有偿接受其他公司的产权，使被兼并公司丧失法人资格或改变法人实体的经济活动。在兼并中，被合并企业作为法人实体不复存在，兼并后，兼并企业成为被兼并企业新的所有者和债权债务的承担者，是资产、债权、债务的一同转换；兼并多发生在被兼并企业财务状况不佳、生产经营停滞或半停滞之

时，兼并后一般需调整其生产经营，重新组合其资产。

（3）收购（acquisition）是指一家公司（收购方）通过现金、股票等方式购买另一家公司（被收购公司或目标公司）部分或全部股票或资产，从而获得对该公司的控制权的经济活动。在收购中，被收购企业可仍以法人实体存在，其产权可以是部分转让。收购企业是被收购企业的新股东，以收购出资的股本为限承担被收购企业的风险。收购一般发生在企业正常生产经营状态，产权流动比较平和。

（二）并购的类别划分

按并购双方产品与产业的联系划分，并购可分为横向并购、纵向并购、混合并购。

（1）横向并购。当并购方与被并购方处于同一行业、生产或经营同一产品，并购使资本在同一市场领域或部门集中时，则称之为横向并购。如奶粉罐头食品厂合并咖啡罐头食品厂，两厂的生产工艺相近，并购后可按购受企业的要求进行生产或加工。这种并购投资的目的主要是确立或巩固企业在行业内的优势地位，扩大企业规模。横向并购的优点在于：可以迅速扩大生产规模，节约共同费用，便于提高通用设备的使用效率；便于在更大范围内实现专业分工协作；便于统一技术标准，加强技术管理和进行技术改造；便于统一销售产品和采购原材料等。

（2）纵向并购。纵向并购是对生产工艺或经营方式上有前后关联的企业进行的并购，是生产、销售的连续性过程中互为购买者和销售者（即生产经营上互为上下游关系）的企业之间的并购。如加工制造企业并购与其有原材料、运输、贸易联系的企业。其主要目的是组织专业化生产和实现产销一体化。纵向并购较少受到各国有关反垄断法律或政策的限制。纵向并购的优点在于：能够扩大生产经营规模，节约通用设备费用等；可以加强生产过程各环节的配合，有利于协作化生产；可以加速生产流程，缩短生产周期，节约运输、仓储和能源消耗水平等。

（3）混合并购。混合并购是对处于不同产业领域、产品属于不同市场，且与其产业部门之间不存在特别的生产技术联系的企业进行并购，如钢铁企业并购石油企业，因而产生多种经营企业。采取这种方式可通过分散投资、多样化经营降低企业风险，达到资源互补、优化组合、扩大市场活动范围的目的。混合并购包括：①产品扩张性并购，即生产相关产品的企业间的并购；②市场扩张性并购，即一个企业为了扩大竞争地盘而对其他地区生产同类产品的企业进行的并购；③纯粹的并购，即生产和经营彼此毫无关系的若干企业之间的并购。

除以上主要的分类外，按并购的实现方式划分，并购可分为承担债务式、现金购买式和股份交易式并购；按并购涉及被并购企业的范围划分，并购分为整体并购和部分并购；

按并购双方是否友好协商划分,并购分为善意并购和敌意并购;按并购交易是否通过证券交易所划分,并购分为要约收购与协议收购。

二、并购的动机以及相关作用

(一) 并购的动机

企业从事并购交易,可能出于各种不同的动机。主要包括以下几个方面:

1. 企业发展需要的动因

在激烈的市场竞争中,企业只有不断发展才能生存下去。通常情况下,企业既可以通过内部投资、资本的自身积累获得发展,也可以通过并购获得发展,两者相比,并购方式的效率更高。

第一,并购可以让企业迅速实现规模扩张。企业的经营与发展处于动态的环境之中,企业在发展的同时,竞争对手也在谋求发展。因此,企业在发展过程中必须把握好时机,尽可能抢在竞争对手之前获取有利地位。如果企业采取内部投资方式,将会受到项目的建设周期、资源的获取以及配置方面的限制,从而制约企业的发展速度。通过并购方式,企业可以在较短的时间内实现规模扩张,提高竞争能力,将竞争对手击败。尤其是在进入新行业的情况下,通过并购可以取得原材料、销售渠道、声誉等方面的优势,在行业内迅速处于领先地位。

第二,并购可以突破行业壁垒和规模的限制而迅速发展。企业进入一个新的行业往往会遇到各种各样的壁垒,包括资金、技术、渠道、顾客、经验等。这些壁垒不仅增加了企业进入某一行业的难度,而且提高了进入的成本和风险。如果企业采用并购的方式,先控制该行业的原有企业,则可以绕开这一系列壁垒,以较低的成本和风险迅速进入某一行业。另外,有些行业具有规模限制,要求进入这一行业的企业必须达到一定的规模。这必将导致新的企业进入后形成生产能力过剩,加剧行业竞争,产品价格也可能会迅速降低。如果需求不能相应提高,企业的进入将会破坏这一行业原有的盈利能力,而通过并购的方式进入某一行业,不会导致生产能力的大幅度扩张,从而使企业进入后有利可图。

第三,并购可以主动应对外部环境变化。随着经济全球化进程的加快,更多企业有机会进入国际市场,为应对国际市场的竞争压力,企业往往也要考虑并购这一特殊途径。企业通过国外直接投资和非股权投资进一步发展全球化经营,开发新市场或者利用生产要素优势建立国际生产网,在市场需求下降、生产能力过剩的情况下,可以迅速抢占市场份额,有效应对外部环境的变化。

2. 发挥协同效应的动因

并购后两个企业的协同效应主要体现在：一是经营协同；二是管理协同；三是财务协同。

第一，经营协同。企业并购后，原来企业的营销网络、营销活动可以合并，节约营销费用；研究与开发费用可以由更多的产品分担，从而可以迅速采用新技术，推出新产品。并购后，由于企业规模扩大，还可以增强企业抵御风险的能力。

第二，管理协同。在并购活动中，如果收购方具有高效而充足的管理资源，通过收购那些资产状况良好但仅仅因为管理不善造成低绩效的企业，收购方高效的管理资源得以有效利用，被并购企业的绩效得以改善，双方效率均得到提高。

第三，财务协同。并购后的企业可以对资金统一调度，增强企业资金的利用效果；管理机构和人员可以精简，使管理费用由更多的产品分担，节省管理费用。由于规模和实力扩大，企业筹资能力可以大大增强，满足企业发展过程中对资金的需求。此外，企业通过并购可以实现合理避税。如果被并购企业存在未抵补亏损，而收购企业每年生产经营过程中产生大量的利润，收购企业可以低价获取亏损公司的控制权，利用其亏损抵减未来期间应纳税所得额，从而取得一定的税收利益。

3. 加强市场控制能力的动因

在横向并购中，通过并购可以获取竞争对手的市场份额，迅速扩大市场占有率，增强企业在市场上的竞争能力。另外，由于减少了竞争对手，尤其是在市场竞争者不多的情况下，企业可以提高议价能力，以更低的价格获取原材料，以更高的价格向市场出售产品，从而提高盈利水平。

4. 收购价值被低估公司的动因

证券市场中公司股票的市价总额应当等同于公司的实际价值，但是，由于环境的影响、信息不对称和未来不确定性等方面影响，上市公司的价值可能被低估。如果企业研究后认为，并购后可以比被并购企业原来的经营者管理得更好，则收购价值被低估的公司并通过改善其经营管理后重新出售，可以在短期内获得巨额收益。

5. 降低经营风险的动因

企业在追求效益的同时还需要控制风险。控制风险的一种有效方式就是多元化经营。多元化经营既可以通过企业并购来实现，也可以通过内部的成长而达成，但通过并购其他企业，收购方可以迅速实现多元化经营，从而达到降低投资组合风险、实现综合收益的目的。

（二）并购的主要作用

（1）通过企业并购实现经济结构战略性调整。通过企业兼并，优势企业并购劣势企业，朝阳产业的企业并购夕阳产业的企业，淘汰一些效益差、管理落后、从事长线产品生产的企业，发展一些效益好、管理先进、从事短线产品和新兴产品生产、有技术、有市场前景的企业，促使资金从衰落的行业流入新兴的行业，使生产要素得到了充分流动，可以加快资本退出传统产业的步伐，加速资本的积累过程，增强优势企业的实力，促进规模经济的形成；同时，在客观上促进行业结构和产业结构的优化和升级。

（2）通过企业并购促进资产流动，扩大生产规模，提高经济效益。企业并购是将企业作为物质资本、人力资本、文化资本的综合体推向市场，这些资源基本属于存量资产的范围。这些存量资产一旦推向市场，在全社会乃至世界范围内优化组合，沉淀的资产就会焕发活力。通常情况下，两家企业经过并购后的总体效益大于两个独立企业的经济效益之和。同一行业的两家企业并购可以减少管理人员从而减少单位产品的成本，实现规模经济效益，因为一个企业可以利用另一个企业的研究成果，以节省研究工作费用；在市场营销方面，还可以节省广告和推销费用；同时可以采用大宗采购方式，节省采购费用。不同行业的两家企业并购能增加企业生产的产品种类，实现经营多样化，从而有可能减少企业的风险。另外，小企业常常资金短缺，容易破产，但企业并购后，由于两家企业的资金可以相互融通，发生财务困难的风险就大大降低了。

（3）通过企业并购实现资本和生产的集中，增强企业竞争力。企业并购的过程就是生产要素及经济资源的重组过程。一方面能够促进经济资源向更高效益的领域转移，实现生产和资本的集中；另一方面能够使并购后的企业实现优势互补，增强企业的资金、技术、人才、市场优势，提高经济资源的利用效率和获利能力，取得规模经济效益，从而成倍壮大企业实力，快速发展成为大型企业集团，提高在行业产值、销售额中所占的比重。从宏观上，有利于提高产业集中度，发挥大企业在行业中的先导地位，集中优势开发新产品，从而促进产品的升级换代。

（4）通过企业并购促进文化融合与管理理念的提升。企业并购要想获得成功，须对并购企业和被并购企业的生产要素、管理要素和文化要素进行一体化改组。具体包括：将并购以后的资产实行统一决策、统一调度、统一使用，将被并购企业的文化传统加以转型改组使之纳入并购企业的文化传统中，将并购以后企业的管理方式、组织结构按照精简高效的原则重新组合，对并购企业实行统一的监督、控制、激励、约束，使并购后的企业成为一个运作协调、利益攸关的共同体。

三、并购的相关财务分析

(一) 目标企业评估方法

所谓价值评估，指买卖双方对标的（股权或资产）做出的价值判断。对目标企业估价一般可以使用以下几种方法：

1. 资产价值基础法

资产价值基础法指通过对目标企业的资产进行估价来评估其价值的方法。确定目标企业资产的价值，关键是选择合适的资产评估价值标准。目前国际上通行的资产评估价值标准主要有以下三种：

第一，账面价值。账面价值是指会计核算中账面记载的资产价值。例如，对于股票来说，资产负债表所揭示的企业某时点所拥有的资产总额减去负债总额即为公司股票的账面价值（账面净资产），再减去优先股价值，即为普通股价值。这种估价方法不考虑现时资产市场价格的波动，也不考虑资产的收益状况，因而是一种静态的估价标准。我国企业并购活动中有不少收购方以账面价值作为收购价格的实例。账面价值取数方便，但是其缺点是只考虑了各种资产在入账时的价值而脱离现实的市场价值。

第二，市场价值。市场价值与账面价值不同，是指把该资产视为一种商品在市场上公开竞争，在供求关系平衡状态下确定的价值。当公司的各种证券在证券市场上进行交易时，它们的交易价格就是这种证券的市场价值。它可以高于或低于账面价值。市场价值法通常将股票市场上与企业经营业绩相似的企业最近平均实际交易价格作为估算参照物，或以企业资产和其市值之间的关系为基础对企业估值。

第三，清算价值。清算价值是指在企业出现财务危机而破产或歇业清算时，把企业中的实物资产逐个分离而单独出售的资产价值。清算价值是在企业作为一个整体已经丧失增值能力情况下的资产估价方法。对于股东来说，公司的清算价值是清算资产偿还债务以后的剩余价值。

2. 收益法与折现现金流量法

收益法就是根据目标企业的收益和市盈率确定其价值的方法，也可称为市盈率模型。

折现现金流量法（拉巴波特模型 Rappaport Model）。这一模型由美国西北大学阿尔弗雷德·拉巴波特创立，是用折现现金流量方法确定可接受的最高并购价格的一种方法。[1]

---

[1] 严碧容，方明. 财务管理学 [M]. 杭州：浙江大学出版社，2016.

(二) 并购融资与支付对价的相关分析

1. 并购融资分析

(1) 筹资渠道。从筹集资金的来源角度看，企业并购的筹资渠道可以分为内部渠道和外部渠道。

第一，内部筹资渠道，是指从企业内部开辟资金来源，主要包括企业自有资金、企业应付税利和利息等。这一方式下，企业不必对外支付借款成本，风险很小。在并购交易中，企业一般应尽可能选择此渠道。

第二，外部筹资渠道，是指企业从外部所开辟的资金来源，主要包括专业银行信贷资金、非银行金融机构资金、其他企业资金、民间资金和外资。从企业外部筹资，具有速度快、弹性大、资金量大的优点，但缺点在于资金成本较高、风险较大。

(2) 筹资方式。随着我国金融市场的发展，企业有多种筹资方式可以选择，在并购中企业可以根据自身的实际情况选择合理的方式。

第一，权益性融资。在权益性融资方式下，企业通过发行股票作为对价或进行换股以实现并购。发行股票，即企业运用发行新股或上市公司将再融资（增发或配股）发行的股票作为合并对价进行支付。这种方式的优点是不会增加企业的负债，其缺点是稀释股权。发行股票后如企业经营效率不能得到实质性提升，则会降低每股收益。交换股份，即以收购方本身的股票作为并购的支付手段交给被并购方或被并购方原有的股东。这种方式的优势在于可使收购方避免大量现金短期流出的压力，降低了收购风险，也使得收购一定程度上不受并购规模的限制；其弊端在于其会受到证券法规的严格限制，审批手续复杂，耗时较长。

第二，债务性融资。在债务性融资方式下，收购企业通过举债的方式筹措并购所需的资金，主要包括向银行等金融机构贷款和向社会发行债券。并购贷款即向银行借款是传统的并购融资方式，其优点是手续简便，融资成本低，融资数额巨大；缺点是必须向银行公开自己的经营信息，并且经营管理一定程度上受到银行借款协议的限制。此外，要获得贷款一般都要提供抵押或者保证人，降低了企业的再融资能力。发行债券这种方式的优点是债券利息在企业缴纳所得税前扣除，减轻了企业的税负。此外，发行债券可以避免稀释股权，但其缺点是债券发行过多，会影响企业的资产负债结构，增加再融资的成本。

第三，混合性融资。混合性融资同时具有债务性融资和权益性融资的特点，最常用的混合性融资工具是可转换公司债券和认股权证。可转换公司债券的特点是债券持有人在一定条件下可将债券转换为股票。在企业并购中，利用可转换公司债券筹集资金具有如下优点：首先，可转换公司债券的利率较不具备转换权的债券一般比较低，可降低企业的筹资成本；其次，可转换公司债券具有高度的灵活性，企业可以根据具体情况设计不同报酬率和不同转换价格的可转换公司债券；最后，当可转换公司债券转化为普通股后，债券本金不需偿还，免除了企业还本的负担。发行可转换公司债券也有以下缺点：首先，当债券到期时，如果企业股票价格高涨，债券持有人自然要求转换为股票，这就变相使企业蒙受财务损失。如果企业股票价格下跌，债券持有人会要求退还本金，这不但增加企业的现金支付压力，也会影响企业的再融资能力。其次，当可转换公司债券转为股票时，企业股权会被稀释。认股权证是由上市公司发行的、能够按照特定的价格在特定的时间内购买一定数量发行方普通股股票的选择权凭证，其实质是一种普通股股票的看涨期权。认股权证通常随企业的长期债券一起发行。认股权证的优点是：避免并购完成后被并购企业的股东立即成为普通股股东，从而延迟股权被稀释的时点，还可以延期支付股利，从而为公司提供了额外的股本基础。认股权证的缺点是：如果认股权证持有人行使权利时，股票价格高于认股权证约定的价格，会使企业遭受财务损失。

（3）资金成本分析。资金成本是指公司为取得并使用资金而付出的代价，其中包括支付给股东的股息和债权人的利息等。在并购筹资过程中，公司必须在筹资风险与筹资成本之间做出权衡，以使公司保持一个合理的资本结构，保障良好的运营。一般公司在并购过程中都是从多种来源筹集并购所需资金，各种资金的成本也不尽相同。为了估算全部融资的综合成本，需要对资金成本进行加权计算，即加权平均资本成本，通过并购融资，尽可能降低企业加权平均资本成本。

2. 支付对价分析

在企业并购中，支付对价是十分关键的。选择合理的支付方式，不仅关系到并购能否成功，而且关系到并购双方的收益、企业权益结构的变化及财务安排。不同的支付方式各有特点与利弊，企业应以获得最佳并购效益为宗旨，综合考虑企业自身经济实力、筹资渠道、筹资成本和被并购企业的实际情况等因素，合理选择支付方式。企业并购涉及的支付方式主要有：

其一，现金支付。现金支付是指收购方支付一定数量的现金，以取得目标企业的所有权。现金支付方式是最简单迅速的一种并购支付方式。对目标企业而言，不必承担证券风险，交割简单明了。缺点是目标企业股东无法推迟资本利得的确认，从而不能享受税收上的优惠，而且也不能拥有新公司的股东权益。对于收购方而言，现金支付是一项沉重的即时现金负担，要求其有足够的现金头寸和筹资能力，交易规模也常常受到筹资能力的制约。

其二，股权支付。股权支付，指收购方按一定比例将目标企业的股权换成本公司的股权，目标企业从此终止或成为收购方的子公司。这种方式对于目标企业股东而言，可以推迟收益的计税时点，取得一定的税收利益，同时也可分享收购方价值增值的好处；对收购方而言，不会挤占其日常营运资金，比现金支付成本要小许多。但这种方式也存在着不少缺陷，如稀释了原有股东的权益，每股收益可能发生不利变化，改变了公司的资本结构，稀释了原有股东对公司的控制权等。

其三，混合支付。并购企业支付的对价除现金、股权外，还可能包括可转换公司债券、一般公司债券、认股权证、资产支持受益凭证、承担的债务、划转的资产，或者表现为多种方式的组合。并购实务中，常见的支付对价组合包括：现金与股权的组合、现金和承担的债务的组合、现金与认股权证的组合、现金与资产支持受益凭证的组合等。将多种支付工具组合在一起，如搭配得当，选择好各种融资工具的种类结构、期限结构以及价格结构，可以避免上述两种方式的缺点，既可使收购方避免支出过多现金，造成企业财务结构恶化，也可以防止收购方原有股东的股权稀释或发生控制权转移。

（三）并购成本效益评估

并购决策首先要进行并购的成本效益分析。并购成本是并购发生的代价，主要包括并购工作完成的成本和并购以后的整合运营成本。

第一，并购完成成本。所谓完成成本指并购行为本身所发生的并购价款和并购费用。并购价款是支付给被并购企业股东的，具体形式有现金、股票或其他资产等。并购费用是指并购过程中所发生的有关费用，如并购过程中所发生的搜寻、策划、谈判、文本制订、资产评估、法律鉴定、顾问等费用。

第二，整合与营运成本。并购后为使被并购企业健康发展而需支付的营运成本。这些成本包括：①整合改制成本。如支付派遣人员进驻、建立新的董事会和经理班子、安置多余人员、剥离非经营性资产、淘汰无效设备、进行人员培训等有关费用。②注入资金的成本。并购公司要向目标公司注入优质资产，拨入启动资金或开办费，为新企业打开市场而需增加的市场调研费、广告费、网点设置费等。③并购机会成本。一项并购活动所发生的机会成本是指实际并购成本费用支出因放弃其他项目投资而丧失的收益。并购成本效益分析主要是对并购完成成本与效益的分析。

（四）并购对企业盈余和市场价值的影响

并购活动会对并购双方的财务指标产生明显影响，这里从企业盈余、股价及股票账面价值等方面探讨并购活动对双方的意义及影响。

（1）并购对企业盈余的影响。并购必将对企业的每股收益、每股市价产生潜在影响。由于企业并购投资决策以投资对股票价格的影响为依据，而股票价格的影响又取决于投资对企业每股收益的影响。所以企业评估并购方案的可行性时，应将其对并购后存续企业每股盈余的影响列入考虑范围。

（2）对股票市场价值的影响。并购过程中，每股市价的交换比率是谈判的重点。公开上市的股票，其价格反映了众多投资者对该企业内在价值的判断。因此，股价可反映该企业的获利能力、股利、企业风险、资本结构、资产价值及其他与评价有关的因素。

（五）企业并购的风险评估

企业并购是高风险经营，财务分析应在关注其各种收益、成本的同时，更重视并购过程中的各种风险。

（1）营运风险。所谓营运风险，是指并购方在并购完成后，可能无法使整个企业集团产生经营协同效应、财务协同效应、市场份额效应，难以实现规模经济和经验共享互补。通过并购形成的新企业因规模过于庞大而产生规模不经济，甚至整个企业集团的经营业绩都为被并购进来的新企业所拖累。

（2）信息风险。在并购中，信息是非常重要的，知彼知己，百战不殆。真实与及时的信息可以大大提高并购企业行动的成功率。但实际并购中因贸然行动而失败的案例不少，这就是经济学上所称的"信息不对称"的结果。

（3）融资风险。企业并购需要大量的资金，所以并购决策会同时对企业资金规模和资本结构产生重大影响。实践中，并购动机以及目标企业并购前资本结构的不同，还会造成并购所需的长期资金与短期资金、自有资本与债务资金投入比率的种种差异。与并购相关的融资风险具体包括资金是否可以保证需要（时间上与数量上）、融资方式是否适应并购动机（暂时持有或长期拥有）、现金支付是否会影响企业正常的生产经营、杠杆收购的偿债风险等。

（4）反收购风险。在通常情况下，被收购的企业对收购行为往往持不欢迎和不合作态度，尤其在面临敌意并购时，他们可能会不惜一切代价布置反收购战役，其反收购措施可能是各种各样的。这些反收购行动无疑会对收购方构成相当大的风险。

（5）法律风险。各国关于并购、重组的法律法规的细则，一般都通过增加并购成本而提高并购难度。如我国目前的收购规则，要求收购方持有一家上市企业5%的股票后即必须公告并暂停买卖（针对上市企业非发起人），以后每递增5%就要重复该过程，持有30%股份后即被要求发出全面收购要约。这套程序造成的收购成本之高，收购风险之大，收购程度之复杂，足以使收购者气馁，反收购则相对比较轻松。[①]

---

① 章萍，鲍长生. 财务管理［M］. 上海：上海社会科学院出版社，2015.

四、剥离与分立战略

剥离和分立是与扩张战略相对应的收缩战略。公司通过剥离或分立不适于公司长期战略、没有成长潜力或影响公司整体业务发展的子公司、部门或产品生产线，可使资源集中于经营重点，从而更具有竞争力。同时，剥离和分立还可使公司资产获得更有效的配置，提高公司资产的质量和资本的市场价值。

（一）剥离与分立的内涵

剥离是指公司将现有部分子公司、部门、产品生产线、固定资产等出售给其他公司，并取得现金或有价证券作为回报。剥离与并购之间存在一定联系。如并购企业可在并购完成之后出售被收购企业的资产或业务，以获取现金回报；可通过剥离纠正以前草率的甚至是错误的收购活动；在受到收购威胁时，还可能会剥离所谓"皇冠上的珍珠"以抵制收购方收购意图。尽管如此，剥离绝不仅仅是并购的相反过程，它具有自身的动因和目的，需要采用不同的分析手段与实施方法。

分立是指将母公司在子公司中所拥有的股份按比例分配给母公司的股东，形成一个独立的新公司，从而在法律上和组织上将子公司从母公司中分立出去。分立可以看作一种特殊形式的剥离，但纯粹的分立与剥离之间又存在着区别。分立后的新公司拥有独立的法人地位，而股东直接持有新公司（过去的子公司）的股票，可以直接参与管理人员的选用，从而取得了更大的控制权。另外，分立中一般不会发生各利益主体之间的现金或证券支付，而这种支付在剥离中通常会发生。

（二）剥离与分立的类别划分

1. 剥离的种类

根据不同的分类标准，剥离可以划分为不同的类型。

第一，按照剥离是否符合公司的意愿划分。按是否符合公司的意愿，剥离可以划分为自愿剥离和非自愿或强迫剥离。自愿剥离，是指公司管理人员认为剥离有利于提高公司的竞争力和资本的市场价值而主动进行的剥离。非自愿或强迫剥离，则是指政府主管部门或司法机构依据反垄断法等法律法规，迫使公司剥离其部分资产或业务。

第二，按照剥离中所出售资产的形式划分。按照所出售资产的形式，剥离可以划分为出售资产、出售生产线、出售子公司、分立和清算等形式。出售资产，指仅出售公司的部分场地、设备等固定资产；出售生产线，指将与生产某种产品相关的全套机器设备等出售给其他公司；出售子公司，指将独立、持续经营的子公司整体出售给其他公司，其剥离方案中不仅包括产品生产线，而且还包括相关的职能部门与职能人员；分立可看作剥离的一种特殊形式，指在法律上和组织上将一个公司分为两个（或更多）独立的实体；清算是指将公司或其业务部门的全部资产零碎地而不是作为整体出售，并将所取得的现金分配给股东。若出售公司资产的所得超过其所发行证券的市场价值，清算可能是对证券持有人最为有利的资产处理方式。

第三，按照交易方身份不同划分。剥离按出售的交易方身份不同，主要有出售给非关联方、管理层收购和职工收购三种：① ①出售给非关联方，即原股东退出有关行业领域的经营，将剥离的资产出售给予本公司不存在关联的他方。②管理层收购，指公司管理人员自己买入被剥离资产并经营管理。这种方式有利于管理人员摆脱过去的盲目指挥和过多限制，全权、全力经营好属于自己的资产。对于出售企业，把资产出售给自己的经理层也比卖给同业竞争对手更为安全。③职工收购，其典型方式是职工持股计划，将由其保管的股份转至公司员工的个人账户。

2. 分立的种类

第一，派生分立与新设分立。按被分立公司是否存续，分立可分为派生分立与新设分立。派生分立，即公司以其部分财产设立另一新公司的行为。这种方式下，新设的公司需注册登记，原公司存续，但需办理减少注册资本的变更登记。新设分立，是将公司全部财产分解为若干份，重新设立两个或两个以上的新公司，原公司解散。

第二，并股和拆股。按照股东对公司的所有权结构变化形式划分，分立可分为并股分立和拆股分立。所谓并股是指母公司以其在子公司中占有的股份，向部分（而不是全部）股东交换其在母公司中的股份。并股会导致两个公司的所有权结构发生变化。并股不像纯粹的分立那样会经常发生，因为它需要部分母公司的股东愿意放弃其在母公司中的权益，转向投资于子公司。所谓拆股，与纯粹的分立比较相似，是指母公司将子公司的控制权移交给其股东。拆股后，母公司所有的子公司都分立出来，母公司自身则不复存在。拆股不仅带来管理队伍的变化，公司的所有权结构也可能发生变化，这取决于母公司选择何种方式向其股东提供子公司的股票。

（三）剥离与分立的动机

（1）适应经营环境变化，调整经营战略。任何公司都是在动态的环境中经营。公司的经营环境变化包括技术进步、产业发展趋势、国家有关法规和税收条例的变化、经济周期的改变等。这些变化可能使母子公司之间目前的安排成为低效率的联合。比如虽然在过去

---

① 张建伟，盛振江. 现代企业管理 [M]. 北京：人民邮电大学出版社，2011.

通过并购搞联合经营是最佳选择，但当前情形下独立经营也许更为恰当。所以公司的经营方向与战略目标也应适应这些变化相应调整和改变，如改变经营重点、退出竞争过于激烈的市场等，而剥离和分立正是实现这些改变的有效手段。从这个意义上讲，公司分立与并购活动一样，都是企业为努力适应其经济和政治环境中的持续变化所采取的战略的一部分。

（2）提高管理效率。当管理者所控制资产的规模和种类增加时，即使是最好的管理队伍也会达到收益递减的临界点，因为管理者难以注意到从事不同业务类型的子公司各自所面临的独特问题与投资机会。采用不同形式售出那些与母公司其他经营活动不适应的部分，母子公司通过重新定位，在确定各自比较优势的基础上，可以更加集中于各自的优势业务，提高公司的整体管理效率，为公司的股东创造更大的价值。此外，剥离与分立常常能够创造出简洁、有效率、分权化的公司组织，使公司能够更快地适应经营环境的变化。所以在许多子公司独立的声明中，都提到为突出公司的主营业务，需要使与母公司业务关系不大或管理效率较低的子公司独立。

（3）谋求管理激励。大公司中，管理机构的官僚化膨胀会抑制企业的创新精神，导致良好的表现得不到应有的回报，而不佳的表现未受到惩罚。当子公司的形象和目标与母公司不一致时，这个问题就会更加突出。此时，以母公司普通股期权为激励报偿的计划很可能变得毫无意义，甚至起反作用。而如果让子公司独立出来，市场对管理行为的反应就会直接反映在其独立的（而不是母公司的）股票价格上，这就使报酬计划与公司经营管理业绩更加紧密地联系在一起，从而降低代理成本，形成更为有效的激励机制。

（4）提高资源利用效率。通过剥离与分立可筹集营运资金，获得发展其他机会所需的财务和管理资源。公司可能需要大量现金来满足主营业务或减少债务负担的需要，而通过借贷和发行股票筹集资金会面临一系列的障碍，此时通过出售部分非核心或非相关业务筹集所需的资金则不失为一种有效的选择。在杠杆收购时，为了偿还收购过程中借入的巨额债务，通常需要出售部分被收购公司的资产或业务来满足对现金流量的需求，从而提高资源的利用效率，使企业获取更高的收益。

（5）弥补并购决策失误或成为并购决策的一部分。企业出于各种动机进行兼并收购，但不明智的并购决策会导致灾难性的后果。虽然被并购企业具有盈利机会，但并购企业可能由于管理或实力上的原因，无法有效地利用这些盈利机会。这时，将其剥离给其他有能力有效发掘该盈利潜力的公司，无论对卖方还是对买方而言，可能都是最为明智的。另外，剥离与分立往往还是企业并购一揽子计划的组成部分。许多资产出售等分拆计划，早在并购前就已经是收购方一揽子计划中的组成部分。因为从并购企业角度，被收购企业中总有部分资产是不适应企业总体发展战略的，甚至可能会带来不必要的亏损。在有的收购活动中，将被收购企业进行分拆出售资产往往又作为收购融资的部分来源。

（6）获取税收方面的收益。不同国家出于调节经济的需要制定了不同的税收政策。例如，在美国，对于自然资源特权信托和不动产投资信托公司，如果它们把投资收益的90%分配给股东，公司就无须缴纳所得税。因此，综合性公司若将其经营房地产的部门独立出来，就有可能享受税收方面的减免。所以母公司可以进行合法避税并且给分立出的子公司的股东带来利益，而他们最初也正是母公司的股东。

（四）剥离与分立的价值来源

与并购相同，剥离与分立是公司战略的一部分，旨在对公司业务组合进行重新定位。剥离与分立的价值来源可从以下几个方面解释：

（1）核心竞争力效应。资产剥离是两个独立公司之间的交易，双方都可以获得益处。对于资产剥离者来说，可以将出售获得的现金投在其他更有效益的业务上，释放被剥离业务此前吸纳的冗余的资源管理方式，从而加强资产剥离者的核心能力，为资产剥离者增加效益。对于买方来说，被剥离的业务可能与其在战略上配合更好，产生更多的协同效应。这意味着被剥离业务对买方比对卖方更有价值，这种增加的效益可由买方独享，或由买卖双方分享。增加值的分享比例则由双方讨价还价的相对实力、卖方的财务状况、资产剥离的市场供应状况、两家公司的相对大小以及资产剥离者需要现金的迫切程度等因素决定。

（2）信息效应。一般认为，股市对公司的透明度有偏好。分立后的子公司作为一个独立的经济实体，要定期公布财务报表、披露相关信息，使投资者和证券分析师更容易评估子公司的价值，这种持续的公开信息可能对子公司的业绩产生正面的影响。

（3）消除负协同效应。如果公司的某些业务对实现公司整体战略目标是不重要的，或者这些业务不适合公司的其他业务发展，或者这些业务目前处于竞争的劣势地位，保留这些业务不但不能创造价值，反而会毁灭价值，即所谓的负协同效应。在这种情况下，剥离这些不适宜的业务是消除负协同效应的最好手段。

（4）市场形象效应。公司出售资产可能改变了公司的市场形象，提高公司股票的市场价值。

五、反收购的主要方法

在当今公司并购之风盛行的情况下，越来越多的公司从自身利益出发，在投资银行等外部顾问机构的帮助下，开始重视采用各种积极有效的防御性措施进行反收购，以抵制来自其他公司的敌意并购。

（一）反收购的经济方法

反收购时可以运用的经济手段主要有四大类：提高收购者的收购成本、降低收购者的收购收益、收购收购者、适时修改公司章程等。

1. 提高收购成本

第一，股份回购。公司在受到收购威胁时可回购股份，其基本形式有两种：①公司将可用的现金分配给股东，这种分配不是支付红利，而是购回股票；②发行公司债、特别股或其组合以回收股票，通过减少在外流通股数抬高股价，迫使收购者提高每股收购价。但此法对目标企业相对危险，因负债比例提高，财务风险增加。

第二，目标企业为免遭敌意收购而自己寻找善意收购者。公司在遭到收购威胁时，为不使本企业落入恶意收购者手中，可选与其关系密切的有实力的公司，以更优惠的条件达成善意收购。

第三，公司一旦被收购，目标企业的高层管理者将可能遭到撤换。"金色降落伞"则是一种补偿协议，它规定在目标公司被收购的情况下，高层管理人员无论是主动还是被迫离开公司，都可以领到一笔巨额的安置费。与之相似，还有针对低层雇员的"银色降落伞"。但金色降落伞策略的弊病也是显而易见的——支付给管理层的巨额补偿反而有可能诱导管理层低价将企业出售。

2. 降低收购收益或增加风险

第一，"皇冠上的珍珠"对策。从资产价值、盈利能力和发展前景诸方面衡量，在混合公司内经营最好的企业或子公司被誉为"皇冠上的珍珠"。这类公司通常会诱发其他公司的收购企图，成为兼并的目标。目标企业为保全其他子公司，可将"皇冠上的珍珠"这类经营好的子公司卖掉，从而达到反收购的目的。作为替代方法，也可把"皇冠上的珍珠"抵押出去。

第二，"毒丸计划"。"毒丸计划"包括"负债毒丸计划"和"人员毒丸计划"两种。"负债毒丸计划"是指目标公司在收购威胁下大量增加自身负债，降低企业被收购的吸引力。例如，发行债券并约定在公司股权发生大规模转移时，债券持有人可要求立刻兑付，从而使收购公司在收购后立即面临巨额现金支出，降低其收购兴趣。"人员毒丸计划"的基本方法则是公司的绝大部分高级管理人员共同签署协议，在公司被以不公平价格收购，并且这些人中有一人在收购后被降职或革职时，则全部管理人员将集体辞职。这一策略不仅保护了目标公司股东的利益，而且会使收购方慎重考虑收购后更换管理层对公司带来的巨大影响。企业的管理层阵容越强大、越精干，实施这一策略的效果将越明显。当管理层的价值对收购方无足轻重时，"人员毒丸计划"也就收效甚微了。

第三,"焦土战术"。这是公司在遇到收购袭击而无力反击时,所采取的一种两败俱伤的做法。例如,将公司中引起收购者兴趣的资产出售,使收购者的意图难以实现;或是增加大量与经营无关的资产,大大提高公司的负债,使收购者因考虑收购后严重的负债问题而放弃收购。

3. 收购收购者方法

收购收购者是作为收购对象的目标企业为挫败收购者的企图威胁进行反收购,并开始购买收购者的普通股,以达到保卫自己的目的。例如,甲公司不顾乙公司意愿而展开收购,则乙公司也开始购买甲公司的股份,以挫败甲公司的收购企图。

4. 修改公司章程

修改公司章程是公司对潜在收购者或诈骗者所采取的预防措施。反收购条款的实施、直接或间接提高收购成本、董事会改选的规定都可使收购方望而却步。常用的反收购公司章程如下:

第一,董事会轮选制。董事会轮选制使公司每年只能改选很小比例的董事。即使收购方已经取得了多数控股权,也难以在短时间内改组共同董事会或委任管理层,实现对公司董事会的控制,从而进一步阻止其操纵目标公司的行为。

第二,超级多数条款。公司章程规定修改章程或重大事项(如公司的清盘、并购、资产的租赁)所需投票权的比例。超级多数条款规定公司被收购必须取得2/3或80%的投票权,有时甚至会高达95%。这样,若公司管理层和员工持有公司相当数量的股票,那么即使收购方控制了剩余的全部股票,收购也难以完成。

第三,公平价格条款。公平价格条款规定收购方必须向少数股东支付目标公司股票的公平价格。所谓公平价格,通常以目标公司股票的市盈率作为衡量标准,而市盈率的确定是以公司的历史数据并结合行业数据为基础的。

(二) 反收购的法律方法

诉讼策略是目标公司在并购防御中经常使用的策略。诉讼的目的通常包括:逼迫收购方提高收购价以免被起诉;避免收购方先发制人,提起诉讼,延缓收购时间,以便另寻善意收购者;在心理上重振目标公司管理层的士气。

诉讼策略的第一步往往是目标公司请求法院禁止收购继续进行。于是,收购方必须首先给出充足的理由证明目标公司的指控不成立,否则不能继续增加目标公司的股票。这就使目标公司有机会采取有效措施进一步抵御被收购。不论诉讼成功与否,都为目标公司争得了时间,这是该策略被广为采用的主要原因。

目标公司提起诉讼的理由主要有三条:①反垄断。部分收购可能使收购方获得某一行业的垄断或接近垄断地位，目标公司可以此作为诉讼理由。②披露不充分。目标公司认定收购方未按有关法律规定向公众及时、充分或准确地披露信息等。③犯罪。除非有十分确凿的证据，否则目标公司难以以此为由提起诉讼。

反收购防御的手段层出不穷，除经济、法律手段以外，还可利用政治等手段，如迁移注册地，增加收购难度等。以上种种反并购策略各具特色，各有千秋，很难断定哪种更为奏效。但有一点是可以肯定的，企业应该根据并购双方的力量对比和并购初衷选用一种策略或几种策略的组合。

第二节　企业重组技能的培养研究

企业重组，是对企业的资金、资产、劳动力、技术、管理等要素进行重新配置，构建新的生产经营模式，使企业在变化中保持竞争优势的过程。企业重组贯穿于企业发展的全过程。

企业重组是指企业为了实现其战略目标对企业的资源进行重新组合和优化配置的活动。企业重组有广义与狭义之分，广义的企业重组包括扩张重组、收缩重组和破产重组三种类型。狭义的企业重组仅仅包括收缩重组。

一、企业重组的类别划分

（一）扩张方式的重组

扩张重组表现为合并、接管或接收以及标购等。

（1）合并。合并（consolidation）指两个或更多企业组合在一起，原有所有企业都不以法律实体形式存在，而建立一个新的企业。如将 A 公司与 B 公司合并成为 C 公司。但根据《中华人民共和国公司法》的规定，公司合并可分为吸收合并和新设合并两种形式。一个公司吸收其他公司为吸收合并，被吸收的公司解散；两个以上公司合并设立一个新的公司为新设合并，合并各方解散。吸收合并类似于"merger"，而新设合并则类似于"consolidation"。因此，从广义上说，合并包括兼并。

（2）接管或接收。接管或接收（takeover）是指某公司原具有控股地位的股东（通常是该公司最大的股东）由于出售或转让股权，或者股权持有量被他人超过而控股地位旁落的情况。

（3）标购。标购（tenderoff）是指一个企业直接向另一个企业的股东提出购买他们所持有的该企业股份的要约，达到控制该企业目的的行为。这发生在该企业为上市公司的情况。

（二）收缩方式的重组

收缩重组有资产剥离、公司分立以及股权出售三种方式。

（1）资产剥离。所谓资产剥离是指在企业股份制改造过程中将原企业中不属于拟建股份制企业的资产、负债从原有的企业账目中分离出去的行为。剥离并非是企业经营失败的标志，而是企业发展战略的合理选择，企业通过剥离不适于企业长期战略、没有成长潜力或影响企业整体业务发展的部门、产品生产线或单项资产，可使资源集中于经营重点，从而更具有竞争力。同时剥离还可以使企业资产获得更有效的配置，提高企业资产的质量和资本的市场价值。

（2）公司分立。公司分立是指一个公司依照《公司法》的规定分成两个或两个以上公司的经济行为，包含新设分立和派生分立。新设分立是指取消原公司法律主体资格而新设两个及以上的具有法人资格的公司。派生分立是指原公司法律主体仍存在，但将其部分业务划出去另设一个新公司。

（3）股权出售。股权出售是指公司将持有的子公司的股份出售给其他投资者。资产剥离出售的是公司的资产或部门而非股份，而股权出售出售的是公司所持有的子公司的全部或部分股份。

股权出售与资产剥离的动机基本相同，所产生的效应也相近。本处不再赘述。

（三）破产方式的重组

破产后企业重组一般有业务重组、资产重组、债务重组、股权重组、人员重组、管理体制重组等模式。

业务重组指对被改组企业的业务进行划分从而决定哪一部分业务进入上市公司业务的行为，它是企业重组的基础，是企业重组的前提。重组时着重划分经营性业务和非经营性业务、营利性业务和非营利性业务、主营业务和非主营业务，然后把经营性业务和营利性业务纳入上市公司业务，剥离非经营性业务和非营利性业务。

资产重组指对重组企业一定范围内的资产进行分拆、整合和优化组合的活动，它是企业重组的核心。

债务重组即负债重组，是指企业的负债通过债务人负债责任转移或负债转变为股权等方式进行重组的行为。

股权重组指对企业股权进行调整的行为，它与其他重组相互关联，甚至同步进行，比如债务重组时债转股。

人员重组指通过减员增效、优化劳动组合，提高劳动生产效率的行为。

管理体制重组指修订管理制度，完善企业管理体制，以适应现代企业制度要求的行为。

破产企业的重组过程如下：

（1）功能内的BRP。功能内的BRP即对职能内部的流程进行重组。在旧体制下，各职能部门机构重叠、中间层次多，而这些中间管理层一般只执行一些非增值性的统计、汇总、填表等工作，ERP系统完全可以取而代之。BRP就是要取消中间管理层，使每项职能从头至尾只由一个职能机构来管理，做到机构不重叠、业务不重复。

（2）功能间的BRP。功能间的BRP指在企业范围内打破部门的界限，进行跨越多个职能部门边界的业务流程重组，实行流程团队管理。流程团队将各部门人员组合在一起，使许多工作可平行处理，从而能大幅度缩短工作周期。这种组织结构灵活机动，适应性强。

（3）企业间的BRP。企业间的BRP指发生在两个以上企业之间的业务重组，实现了对整个供销链的有效管理，缩短了生产周期、订货周期和销售周期，简化了工作流程，减少了非增值成本。这类BRP是目前业务流程重组的最高层次，也是重组的最终目标。其具体流程如下。

第一，项目的初始阶段。在项目的初始阶段应明确项目的内涵及意义，并组成由管理层及各相关部门成员构成的项目团队，将需要改进的流程与企业的经营结果，如提高利润率、降低成本等，直接联系起来，使企业认识到改进流程的意义，明确流程的起点与终点，以及改造完后应达成的目标，即理想的状态是什么。

第二，正式进入流程的分析及设计阶段。首先对现有流程进行分析，可采用头脑风暴法，列出现有流程中存在的问题。如输入/输出环节出错、步骤多余等局部问题，或是将串行的流程定义为并行，进行的时间错误等结构性问题。然后通过鱼骨图等问题分析工具找出产出问题的原因。其次找出现状与理想之间的差距，并在其中架设桥梁。然后据此设计出流程的各个步骤及衡量的标准。最后，提出从现状转化到理想状态的实施计划。

第三，流程的实施和改善阶段。设计完流程并非万事大吉，实施阶段是关键。在这一阶段，要先定义实施的组织结构，与相关部门及员工沟通，并提供培训。同时还要做好计划，包括怎样做、由谁做、何时做等，做好风险分析，即失败的可能性及对策等。然后要取得领导层对组织结构、计划以及资源分配的认可，才可真正开始实施。企业再造方案的实施并不意味着企业再造的终结。在社会发展日益加快的时代，企业总是不断面临新的挑战，这就需要对企业再造方案不断地进行改进，以适应新形势的需要。

二、企业重组的价值来源

企业重组的直接动因主要有两个：一是最大化现有股东持有股权的市场价值；二是最大化现有管理者的财富。这二者可能是一致的，也可能发生冲突。无论如何，增加企业价值是实现这两个目标的根本。

企业重组的价值来源主要体现在以下四个方面：

（一）获取有利的战略机会

兼并者的动机之一是要购买未来的发展机会。当一个企业决定扩大其在某一特定行业的经营时，一个重要的战略是兼并在那个行业中的现有企业，而不是依靠自身内部发展。原因在于以下几个方面：①直接获得正在经营的发展研究部门；②获得时间优势，避免了工厂建设延误的时间；③减少一个竞争者并直接获得其在行业中的位置。企业重组的另一战略机会是市场力的运用。两个企业采用同一价格政策，可使它们得到的收益高于竞争时的收益。大量信息资源可能用于披露战略机会。财会信息可能起到关键作用，如会计收益数据可被用于评价行业内各个企业的盈利能力，可被用于评价行业盈利能力的变化等，这对企业重组是十分有意义的。

（二）协同效应的充分发挥

企业重组的协同效应是指重组可产生 1+1>2 或 5-2>3 的效果。产生这种效果的原因主要来自以下几个领域。

其一，在生产领域，通过重组可产生规模经济性，可接受新的技术，可减少供给短缺的可能性，可充分利用未使用的生产能力。

其二，在市场及分配领域，通过重组可产生规模经济性，是进入新市场的捷径，可扩展现存的分布网，可增加产品市场的控制力。

其三，在财务领域，通过重组可充分利用未使用的税收利益，可开发未使用的债务能力，可扩展现存分布网，增加产品市场的控制力。

其四，在人事领域，通过重组可吸收关键的管理技能，使多种研究与开发部门融合。

在各个领域中要通过各种方式实现重组效果，都离不开财务分析。例如，当要估计更好地利用生产能力的收益时，分析师要检验行业中其他企业的盈利能力与生产能力利用率之间的关系；要估计融合各研究与开发部门的收益，则应包括对复制这些部门的成本分析。

（三）管理效率的有效提高

企业重组的另一价值来源是提高管理效率。一种情况是，现在的管理者以非标准方式经营，因此，当其被更有效率的企业收购后，现在的管理者将被替换，从而使管理效率提高。要做到这一点，财务分析有着重要作用。分析中要观察：①兼并对象的预期会计收益率在行业分布中所处的位置。②分布的发散程度。企业在分布中的位置越低，分布越发散，对新的管理者的收益越大。企业重组提高管理效率的另一情况是，当管理者的自身利益与现有股东的利益更好地协调时，则可提高管理效率。如采用杠杆购买后，现有管理者的财富构成取决于企业的财务成功。这时管理者可能高度集中其注意力于使公司市场价值最大化。

（四）资本市场错误定价的及时发现

一个个体能发现资本市场证券的错误定价，他将从中获益。财务出版物经常刊登一些报道，介绍某单位兼并一个公司，然后出售部分资产就收回其全部购买价格，结果以零成本取得剩余资产。投资银行家在这个领域活动很活跃。投资银行家在咨询管理与依据管理者的重组决策收取费用之间存在冲突。重要的问题是投资银行家的咨询被认为是值得怀疑的。企业重组影响还涉及许多方面，如所有者、债权人、工人和消费者。在所有企业重组中，各方面的谈判能力强弱将影响公司价值增加的分配，即使企业重组不增加价值，也会产生价值分配问题。重新分配财富可能是企业重组的明显动机。

三、发展趋势的完全重组

其一，随着我国加入 WTO，经济市场的规则发生了根本的改变，随之将带来各经济体角色的转变，最主要的将体现在宏观干预职能的淡化，而各中介组织的职能和作用将得到强化。这"一淡一强"将使以后的重组中宏观的作用由现在的直接干预为主转变为以协调、监督为主，力图引导有利于本国产业竞争力提高的重组。宏观干预恰到好处地支持将使重组迎来比以往更有利的政策环境。另外，在 WTO 规则下，外资并购必将使证券市场的现有格局发生深刻改变，而作为中国经济最重要的并购群体的上市公司也将面临历史性的机遇和挑战。

其二，国民经济的结构调整将使资产重组迎来又一高潮。国民经济的发展不仅需要保持一定的速度，更重要的是要追求发展的质量。国民经济结构的调整就是通过资产重组改变过度竞争、低水平重复的产业组织结构，提升产业竞争力，并将我国的产业重组纳入国际重组的框架中，利用国际经济重新"洗牌"的机会使我国企业在新的分工体系和国际竞争格局中找到合适的定位。

其三，资产重组将在资本市场的规范完善中扮演重要角色。我国资本市场发展初期，功能定位于为国有企业的改革服务，再加上各地严重的本位主义和地方政府的利益驱动，使得资本市场从一开始就是不完善的，深深地烙上了计划经济的色彩，并且沉淀了一大堆诸如法人股不流通、上市公司法人治理结构存在严重缺陷等问题，上市公司业绩包装和捆绑上市后产生的后遗症，制约着中国资本市场的发展和完善。资产重组通过盘活企业存量资产，改变公司的股权结构，调整公司的管理组织结构，整合市场、人才，将在一定程度上有效解决上市公司质地不良、国有股一股独大等问题，有利于资本市场的繁荣和健康发展。

随着国有股停止减持政策的出台，原来影响国有股股权协议转让的相关政策性因素已经完全消除，国有股的转让完全可以通过协议转让的正常渠道，尤其是国有股股权转让也可以面向非国有单位或其他战略投资者，这在客观上为上市公司通过股权转让进行资产重组提供了一个良好的政策环境。

目前国家相关管理层也充分肯定了上市公司资产重组的积极作用，通过资产重组可以改进上市公司质量，并通过为证券市场引入新鲜血液而提升股市的投资价值。因此，可以预期，上市公司新一轮的资产重组热潮有望形成，并将对市场产生积极的影响。

其四，企业自身的内在要求使战略重组成为主流。随着企业自主意识的增强和市场竞争环境的变化，企业追求自身规模和提升核心竞争力的要求也越来越迫切。出于自身发展和竞争需要的实质性的战略重组将逐渐成为主流。以上各因素将对资产重组的模式创新起到巨大的推动作用。将来资产重组更加注重提升企业核心竞争力，重组模式的各种创新将层出不穷。

四、创新重组新模式

（一）股权托管模式

股权托管是公司的股东通过与托管公司签订契约合同，委托托管公司代表股权所有者根据委托合同的授权范围对该股份行使管理监督权力，进行高效的资本运营，一方面达到有效维护股权所有者权益的目的，另一方面通过与其他托管方式的结合，发挥托管经营的综合优势，从而使股权拥有人获得更大的投资回报，以有效实现资产的保值和增值。

在股权托管的操作实践中先托管，再决定是否行使兼并重组对受托方而言是一项可进可退的策略。在托管期，受托方和委托方实际上达到了重组兼并后的效果，受托方可通过行使管理权力，了解受托资产各方面的状况，以最终决定是否实施重组兼并，从而降低重组兼并的风险。对于委托方而言，在托管期内，可考察受托方的经营管理能力和其重组兼并的真实意图，一旦发现受托方出现违规问题则可立即终止合同。

另外，股权托管还可暂时回避在重组兼并过程中某些敏感性问题和操作难点，使重组兼并过程不会因此而停滞，从而减小了此过程的成本。因此，股权托管作为一种缓冲的资产重组模式将逐渐成为新趋势。

（二）管理层收购模式

管理层收购（management buyout，MBO）是在西方国家产生的，在西方国家的发展已有30多年的历史，它是在传统并购理论的基础上发展起来的。20世纪60、70年代是MBO的前奏，自20世纪80年代始，MBO成为英国对公营部门私有化的最常见的方式，英国政府广泛采用MBO形式及其派生形式EBO（员工控股收购）。

随着MBO在实践中的发展，其形式也在不断变化，在实践中又出现了另外两种MBO形式：一是由目标公司管理者与外来投资者或并购专家组成投资集团来实施收购，这样使MBO更易获得成功；二是管理者收购与员工持股计划（employee stock ownership plans，ESOP）或员工控股收购（employee buyout，EBO）相结合，通过向目标公司员工发售股权，进行股权融资，从而免缴税收，降低收购成本。

在我国已有多个管理层收购的案例，其中民营上市公司成为先行者。目前实施管理层收购的公司，其管理层对上市公司股权收购的比例基本没有超过30%。另外，且上市均比较早，这些公司基本上都是当年的创业者成为目前公司的核心收购者。这些公司实施管理层收购，在某种意义上将促进公司多股制衡格局的形成，同时，公司的经营层与公司控制权紧密相连，意味着其与公司的利益高度一致。但是市场对管理层收购仍有非议，如合理定价问题，有些公司的定价甚至低于公司每股净资产，其公正性令人怀疑。

这些已经发生或实施的管理层收购行动，以及由此带来的公司所有者结构的改变，有利于解决长期困扰上市公司的管理层权益问题，加快对上市公司股权结构的优化。随着整个经济环境的变化，企业建立股权激励机制和完善治理结构的迫切要求，MBO将成为我国企业资产重组的新模式。

（三）杠杆收购模式

杠杆收购（leveraged buyout，LBO）盛行于20世纪80年代的美国，是并购重组的一种经典形式，其将公司的很多重大思维、理念和金融技术函纳于一身，并开发出了一系列的金融工具，如垃圾债券、私募、桥式融资、风险资本、商人银行等。

资产重组过程中最大的瓶颈就是支付中介的来源。目前，我国现行的重组融资方式有现金、证券（股票、债券）、银行信贷等。但这些都有很大的限制，满足不了重大资产重组的资金需求。比如企业的自有资金往往是有限的，而银行信贷的获得又取决于企业的资产负债状况等因素，增发和配股仅限于少数上市公司，发行债券又受到很多条件的限制。显然，融资方式的单一与企业强烈的重组和融资需求将使杠杆收购在我国产生。就像法国巴黎百富勤融资有限公司董事总经理蔡洪平所言，未来中国资本市场的兼并收购将有着非常大的发展前景和魅力。作为快速进入中国市场的有效方式之一，外资并购将进入一个高潮期。至于并购的出资方式，现金收购只是方式之一，外资并购将以杠杆收购为主要方式。

五、企业重组可选方案的实施流程

（一）经营性重组的实施

（1）改变管理层。当现有管理层比较薄弱从而导致企业活力不足时，更新管理层或者至少给予管理层以新的补充就显得非常必要。一般情况下，管理层候选人应具有以下品质：①行业经验；②修整经验；③思变；④领导才能，引导和指挥的能力。新的管理层要对企业的长处和弱点有新的感知，制定出新的重建企业的策略，并带领公司继续发展。在多数情况下，传统的经营方式都需要加以改变，而且接受变化的文化应当得到推动。

（2）强而有力的财务控制。在几乎每个企业陷入困境的情形中，其财务控制以及财务管理不是薄弱，就是根本不存在。如果新的管理层真的要对陷于困境的企业取得控制权的话，他们就需要一个完全有效的预算和申报系统。然后还需要管理层将这个系统作为日常工具，监控公司业务并做出关键性的决策。另外，应当建立起适当的规范，对业务进行监控，并开发出早期警告系统，从而可能尽早发现问题，并解决问题。最后，由外面的会计师事务所对企业进行审计应当被看成是对公司管理和控制的一个关键性的补充，这样可以进行高水平的审计，从而使会计程序和系统得到改善，并确保所申报结果的精确性。

（3）组织变革。在进行修整的情况下管理层之间以及各部门中个人之间的沟通一定要公开，全部的信息必须得到充分交流。另外，组织变革的驱动力并不在于简单地创建新的组织结构表和重新指定申报流程，而在于实施公开的交流手段与以沟通活动为导向的诸多步骤。对管理者来说，在组织变革的过程中，调动员工积极性使其参与到组织变革中去相当重要，要从员工的角度出发来提出问题。只有将员工的切身利益与公司的愿景紧密结合，才能取得最佳的效果。

（4）市场营销。领导薄弱而陷入危机的企业，通常不具备定义分明或执行完善的市场营销策略。企业的销售队伍必须为基于业绩的措施所驱动。这些业绩措施必须同时对企业的目标和底线起作用。提高和加强公司销售队伍的能动性和努力方向的措施有：①销售目标和有关的边际收益目标应当得到完善的定义和筹划；②销售区域应当得到明确定义和贯彻执行。

（5）降低成本。降低成本策略的直接目的在于增加公司的利润幅度以及生成更多的现金流量。降低费用的最终宗旨在于使公司相对于竞争对手的费用地位得到改善或提高效率，并使间接费用与销售总额相匹配。公司增加利润幅度可以选用的方法通常是以定价和销售总额决策或者降低费用为导向的。在亏损的情况下，利润幅度对降低费用比对提高价格更为敏感，尽管与提高价格相比，降低费用策略通常需要更长的时间，才能使利润幅度增加的形式表现出来。

（二）资本重组的实施

（1）降低资产投资策略。在重组的情况下，企业可能会寻求采取降低资产投资的策略。业务部门下属公司的降低资产投资策略包括降低固定资产或者降低投资。降低或者撤出这些资产，可能是生成现金和将管理重点放在公司核心业务上的一个快速方式。但是，这些决策千万不要草率做出，而且这些决策始终要有适当的分析和规划配套。在企业不景气的情况下对这些资产进行销售，所得到的价格多数会比正常销售情况下的市场价格低，要在认识到这一点的同时使其销售价值最大化，这样做非常重要。

一旦做出出售资产的决策，就需要采取适当的步骤，确保甄别出所有可能的买家，并向这些可能的买家提供适当的信息，以便其做出自己的投资决策。然后就需要进行估价，其后就需要与投资者进行接触。如果所要出售的是一个独立的业务部门，则很有可能需要制作一份全面的招募书，以最为客观的方式提供信息给可能的投资者。

（2）吸引新的资金。需要予以重视的一个关键性领域就是为企业吸引新的资金。而这些资金可从权益的形式，或者是以新贷款的形式（或者二者的变种）给予。但是有必要先将其量化，然后为该资金的运用勾画轮廓，并为企业的修整确定一个规划方案。

第一，详尽的财务预测。详尽的财务预测是适当的重组方案所必不可少的，此后数月，该预测最好是逐月进行（特别是业务有季节性），此后数年，按季度进行。在该预测中，重组步骤的作用以及相关的费用和融资要求，均应当用足够的细节和精确度加以描述，而且任何规划均应以历史性的财务结果作为基础。

第二，寻找投资者。有多种类型的投资者有可能投资、兼并或者购并本公司。这些投资者可以是公司的现有供货商或客户、私有的投资集团、同一或者类似行业中的竞争对手。还应当考虑的另一投资来源是希望或者扩展其在华业务的外国投资者。

第三，所需信息（招募书）。投资者要得到充足的信息，以便对企业及其未来发展前景进行精确的评估,而且将会要求得到有关企业如客户基础、产品系列、与卖家的关系、市场和竞争、开放式订单、生产工艺、财务预测等的信息。

第四,估价。当然,具体的投资者可以对企业做出自己的估价,但企业自身亦应进行自我估价,并准备就要出售的利益的卖价进行谈判。由于情况不同,需要运用的估价方法也会大相径庭。

(3) 债务重组。在没有新资金注入时,或者在进行新资金注入时,企业可以寻求是否有可能进行债务重组。实际上,对于杠杆比率过高的企业,如果该企业想达到有盈利的水平或保本水平,此类重组很有可能是势在必行的,债务重组的第一个步骤就是确定企业经营所能承受的借债水平。这一分析应当在对企业的财务规划加以考察之后进行,企业中还要考虑那些对经营业绩造成影响的主要变量。

(4) 兼并。兼并取决于企业所在的相关行业及其优势和劣势,其又有可能兼并或者并购其他对该企业构成优势补充的国有产业(或者反过来遭到并购)。例如,一个公司的相对优势可能在于拥有强而有力的分销渠道和营销队伍,但可能在产品生产方面较为薄弱(或者不具有自己的生产设施),而同一行业中的另一企业拥有强大的生产设施,但又缺乏强大的市场营销和分销部门。创建整合效果,创建更加平衡和高效率的企业(即 1+1>2),这种情况也有可能存在。企业对这些兼并应当给予审慎的分析,并且从质化和量化的立脚点对益处和整合效果进行详尽的描述。另外,组织文化和风格也应当互为补充。如果存在重复,应当研究减少重复的替代手段。

(5) 进入公共市场。正在经历金融困难的企业,不太可能会立即进入公共市场,但是企业一旦得到稳定或者重组,就有可能寻求进入公共的借债或者权益市场。实际上,许多外国直接投资企业在将企业作为一个可能的投资对象加以分析时,都会考察其进入公共权益市场的可能性,其方式是通过 IPO,将其投资撤出,而时机通常是在其投资后两到三年,这要取决于其具体的资金准则。如果附属的业务部门强壮而企业的杠杆比率过高,可以采用招募公众权益的方式来为公司调整资本结构,通过降低利息费用来增强其盈利能力。这也可以用来大幅度增加持股总量的价值,其原因在于,在公司股票交易过程中,会产生更大的变现能力。

但是应当注意到,希望参加 TPO 的任何公司,其自身基础必须十分强壮,其业务的未来前景应当得到明确的定义,而且是可以实现的。

(三) 债务和解的实施

当企业发生财务困难而不能按期偿还债务时,如果企业的失败属于技术性无偿付能力,那么企业的股东或投资者与债权人之间为防止企业破产会达成某种协议,通过采取某些补救措施帮助失败的企业走出困境。对企业失败的处理方式取决于财务危机程度的大小以及债权人的态度。一般而言，由于破产程序复杂冗长，而且代价较高，除非大部分债权人不同意私下协商解决，或因企业的清算价值超过其持续经营价值而按法律规定必须清算的外，债权人在更多的情况下不愿向法院提出诉讼，而愿意主动让步，采取双方私下协商解决的办法，尽可能使企业能够继续生存下去，取得对债权人与企业双方都有利的结果。这就是债务和解，它是一种非正式的财务重组。债务和解的办法主要包括以下几种方式。

（1）债务展期。债务展期是指债权人同意延长到期债务的偿还期限，以使陷入财务困难的企业有机会生存下去，并偿还全部债务。

（2）债务减免。债务减免是指债权人同意以一定比例通过现金的形式收回债权，解除债约。即所有未偿还债务按统一的百分比由债务人按比例用现金支付给所有债权人，便视同全部债务结清。如果债权人同意债务展期或债务减免，说明债权人对债务人还是有信心的，相信债务人能够走出财务困境并有益于债权人。

（3）自愿清算。在某些情况下，债权人通过对财务失败企业的调查与分析后发现，企业未来的财务危机是不可避免的，该企业也无继续存在的必要。这时企业清算也许就是唯一可供选择的出路，企业必须接受这个现实。企业清算分自愿与非自愿两种方式。自愿清算是指由债权人与债务人之间通过协商私下解决双方的债权债务关系。而非自愿清算则是通过正规的法律程序进行清算。为了避免冗长而且耗时的法律程序和昂贵的诉讼费用，债权人一般愿意接受自愿清算。自愿清算可能更为有效，而且可使债权人更多地收回自己的债权。

自愿清算的一般程序是债权人经过协商之后将财务失败企业的资产交由某个指定的清算委员会处理。这里的清算委员会的主要职责有：①负责保管和控制财务失败企业的所有财产；②决定负连带责任者的名单和催收应缴未缴的应收账款；③查明应清偿的债务，编制企业财产目录和资产负债表；④主持资产的拍卖和收款；⑤按规定程序和预定的比率清偿债务。

清算工作完成后，财务失败的企业将正式解散而不复存在。由于自愿清算必须得到所有债权人的同意，因此它通常适用于人数不多而且发行在外的证券不为公开持有的企业。

第三节　企业清算技能的培养研究

企业清算是指在企业终止过程中，为保护债权人、所有者等利益相关者的合法权益，依法对企业财产、债务等进行清理、变卖，以终止其经营活动，并依法取消其法人资格的行为。

一、企业清算的类别划分

(一) 解散清算与破产清算

企业清算按其原因,可分为解散清算和破产清算。

导致企业解散清算的原因主要有:公司章程规定的营业期限届满或公司章程规定的其他解散事由出现(如经营目的已达到而不需继续经营,或目的无法达到且公司无发展前途等);公司的股东大会决定解散;企业合并或者分立需要解散;公司违反法律或者从事其他危害社会公众利益的活动而被依法撤销;发生严重亏损,或投资一方不履行合同、章程规定的义务,或因外部经营环境变化而无法继续经营。

破产清算是因经营管理不善造成严重亏损,不能偿还到期债务而进行的清算。其情形有两种:一种是企业的负债总额大于其资产总额,事实上已不能支付到期债务;另一种是虽然企业的资产总额大于其负债总额,但因缺少偿付到期债务的现金资产,未能偿还到期债务,被迫依法宣告破产。

(二) 普通清算与特别清算

依据清算是否自行组织,可以分为普通清算和特别清算。

普通清算是指公司自行组织的清算。特别清算是指公司依法院的命令开始,并且自始至终都在法院的严格监督之下进行的清算。普通清算按法律规定的一般程序进行,法院和债权人不直接干预。特别清算是指不能由企业自行组织,而由法院出面直接干预并进行监督。如果企业不能清偿到期债务,企业有资产不足清偿到期债务的嫌疑,企业无力自行组织清算工作,企业董事会对清算事务达不成一致意见,或者由债权人、股东、董事会中的任何一方申请等情况发生,就应采用特别清算程序。

对普通清算与特别清算,公司并无选择实行的权利。公司解散后,应立即进行普通清算。在普通清算过程中,当有下列情形之一发生时,法院方可命令公司实行特别清算:①当公司实行普通清算遇到明显障碍时。例如,公司的利害关系人人数众多,或公司的债权债务关系极为复杂,这时法院依债权人或股东或清算人的请求,或依职权命令实行特别清算。②当公司负债超过资产有不实之嫌时,即形式上公司负债超过资产,但实际上是否真正超过尚有嫌疑。例如,公司债务数额并非真实,或公司债权数额并非确定,或会计账面上所记载的资产价值较市场价低,所以清算人请求进行特别清算,这时法院依清算人的请求或依职权命令实行。

二、破产与破产清算程序

(一) 破产界限的内涵

当企业资不抵债,亦无债务展期、和解、重整的可能性时,企业实际上已破产。从法律上理解,破产有两层含义:一是资不抵债时发生的实际上的破产,即债务人因负债超过资产,不能清偿到期债务时发生的一种状况;二是指债务人因不能清偿到期债务而被法院依法宣告破产。此时债务人资产可能低于负债,也可能等于或超过负债。于是可能出现债务人资产虽然超过负债,却因无法获得足够的现金或无法以债权人同意的其他方式偿还到期债务不得不破产的情况。因为对债务人的破产宣告是依法律上确定的标准进行的,所以这种破产又称法律上的破产。

所谓破产界限,即法院据以宣告债务人破产的法律标准,在国际上又通称为法律破产原因。在破产立法上,对破产界限有两种规定方式:一种是列举方式,即在法律中规定若干种表明债务人丧失清偿能力的具体行为,凡实施行为之一者便认定达到破产界限;另一种方式是概括方式,即对破产界限作抽象性的规定,它着眼于破产发生的一般性原因,而不是具体行为。其通常有三种概括:不能清偿或无力支付;债务超过资产,即资不抵债;停止支付。我国和世界上大多数国家均采用概括方式来规定企业破产的界限。《中华人民共和国企业破产法》指出,企业因经营管理不善造成严重亏损,不能清偿到期债务的依法宣告破产。

在理解法定企业破产界限时,应特别注意以下几点:

第一,对于造成亏损原因的理解各国有所不同。世界许多国家不管企业亏损原因,只要不能清偿到期债务便依法宣告破产。我国则对只有因经营管理不善造成严重亏损的企业,在不能清偿到期债务时才予以宣告破产;因其他原因导致不能清偿债务时,则不能采用破产方式解决。

第二,债务到期不能偿还,除指不能以现金偿还外,还包括不能以债权人指定的其他方式偿还,或没有足够的财产作担保,也没有良好的信誉可以借到新债来偿还到期债务。如果债务人能及时筹措到一笔新债来偿还到期债务时,即使债务人的债务已超过了资产,也不能认定已经破产。

第三,不能清偿债务,通常是指债务人对全部或部分主要债务在可以预见的一定时间内持续不能清偿,而不是因资金周转一时不灵而暂时停止支付。

（二）破产清算的主要程序

根据我国《破产法》的有关规定，企业破产清算的基本程序大致可分为三个阶段：第一阶段是破产申请阶段；第二阶段是和解整顿阶段；第三阶段是破产清算阶段。现就破产申请阶段和破产清算阶段的主要操作程序概括如下。

1. 破产申请的提出

《破产法》规定，提出破产申请的既可以是债权人，也可以是债务人。当债务人不能清偿到期债务时，债权人可以向债务人所在地人民法院申请宣告债务人破产；债务人不能清偿到期债务，经过上级主管部门同意，可以向当地人民法院自动申请破产。目前，多数企业的破产申请是由破产企业（即债务人）提出。

具体操作中，企业在提出破产申请前，应对其资产进行全面的清查，对债权债务进行清理，然后由会计师事务所对企业进行全面的审计，并出具资不抵债的审计报告。企业向法院提出破产申请时，要提供如下材料：请求破产的书面申请、会计师事务所对企业进行审计后出具的审计报告、上级主管部门同意破产的批准文件、企业的会计报表、企业对外投资情况、银行账户情况、各项财产明细表、债权人的名单、地址、金额及其他法院认为需要的材料。

2. 接受申请

人民法院接到破产申请后即进行受理与否的审查、鉴定。受理债权人破产申请案件 10 日内应通知债务人，并发布破产案件受理公告。受理债务人破产申请案件后，应在案件受理后 10 日内通知债权人申报债权，直接发布债权申报公告。

3. 申报债权

债权人应当在收到通知后一个月内，未收到通知的债权人应当自公告之日起三个月内，向人民法院申报债权，说明债权的数额和有无财产担保，并且提交有关证据资料。逾期未申报债权的，视为自动放弃债权。

4. 裁定宣告破产

人民法院对于企业的破产申请进行审理，符合《破产法》规定情形的，即由人民法院依法裁定并宣告该企业破产。

5. 清算组的组成

按照《破产法》的规定，人民法院应当自宣告企业破产之日起 15 日内成立清算组，接管破产企业。清算组的组成人员一般包括财政部门、企业主管部门、国有资产管理部门、审计部门、劳动部门、国土管理部门、社会保障部门、人民银行、工商管理部门等部门的人员。清算组可以依法进行必要的民事活动。

清算组成立后，一般都在法院的指导下，设立若干个小组，负责企业职工的思想工作、财产保管工作、债权债务清理工作、破产财产处置工作以及职工的安置工作等。

6. 接管破产企业

清算组成立后，应接管破产企业的一切财产、账册、文书、资料和印章等，并负责破产财产的保管、清理、估价、处理和分配等。

7. 破产财产分配方案的实施

清算组在清理、处置破产财产并验证破产债权后，应在确定企业破产财产的基础上拟订破产财产的分配方案，经债权人会议通过，并报请人民法院裁定后，按一定的债务清偿顺序进行比例分配。

8. 清算工作报告

清算组在破产财产分配完毕之后，应编制有关清算工作的报告文件，向法院报告清算工作，并提请人民法院终结破产程序。破产程序的终结有三种情况：

第一，债务人与债权人会议达成和解协议。企业经过整顿，能够根据和解协议清偿债务，人民法院应当终结该企业的破产程序并且予以公告。

第二，破产财产不足以支付破产费用，人民法院应当宣布破产程序终结。

第三，破产财产分配完毕，由清算组提请人民法院终结破产程序。清算组按照破产分配方案在破产财产分配完毕时，立即向人民法院提出关于破产财产分配完毕的报告，提请法院终结破产程序。法院接到此报告后，应及时做出破产程序的裁定并公告，此裁定，破产程序即为终结。

9. 破产企业注销工作

清算组在接到法院终结破产程序的裁定后，应及时办理破产企业的注销登记手续。至此，破产清算工作宣告结束。

三、破产企业解散清算

比较《公司法》对公司破产清算和解散清算的不同规定，解散清算的特点主要表现在以下几个方面。

（一）破产清算程序

破产清算进入破产清算程序，而解散清算进入一般清算程序。一般清算程序的内容是：

（1）确定清算人或成立清算组。根据《公司法》的有关规定，公司应在公布解散的15天之内成立清算小组，有限责任公司的清算组由股东组成，股份有限公司的清算组则由股东大会确定其人选。逾期不成立清算组的，由法院根据债权人的指定成立清算组。[①]清算组的职权包括：①清理公司财产，分别编制资产负债表及财产清单；通知或者公告债权人。②处理与清算有关的公司未了结的业务。③清缴所欠税款。④清理债权、债务，处理公司清偿债务后的剩余财产。⑤代表公司参与民事诉讼活动。

（2）债权人进行债权登记。在清算组成立或者聘请受托人的一定期限内通知债权人进行债权申报，要求其应在规定的期限内对其债权的数额及其有无财产担保进行申请，并提供证明材料，以便清算组或受托人进行债权登记。

（3）清理公司财产，编制资产负债表及财产清单。在这一过程中，如果发现公司资不抵债的，应向法院申请破产。

（4）在对公司资产进行估价的基础上，制定清算方案。清算方案包括清算的程序和步骤、财产定价方法和估价结果、债权收回和财产变卖的具体方案、债务的清偿顺序、剩余财产的分配以及对公司遗留问题的处理等。

（5）执行清算方案。

第一，清算财产的范围及作价。清算财产包括宣布清算时企业的全部财产以及清算期间取得的资产。清算财产的作价一般以账面净值为依据，也可以重估价值或者变现收入等为依据。

第二，确定清算损益。企业清算中发生的财产盘盈、财产变价净收入、因债权人原因确实无法归还的债务，以及清算期间的经营收益等作为清算收益；发生的财产盘亏、确实无法收回的债权，以及清算期间的经营损失等作为清算损失；发生的清算费用优先从现有财产中支付；清算终了，清算收益大于清算损失和清算费用的部分，依法缴纳所得税。

第三，债务清偿及其顺序。企业财产支付清算费用后，按照下列顺序清偿债务：应付未付的职工工资、劳动保险等；应缴未缴国家的税金；尚未偿付的债务。同一顺序不足清偿的，按照比例清偿。

第四，分配剩余财产。企业清偿债务后的剩余财产的分配原则，一般应按照合同、章程的有关条款处理，充分体现公平、对等，照顾各方利益。其中，除公司章程另有规定者外，有限责任公司按投资各方出资比例分配；股份有限公司，按照优先股股份面值对优先股股东分配，剩余部分按照普通股股东的股份比例进行分配；国有企业，其剩余财产要上缴财政。

（6）办理清算的法律手续。企业清算结束后，应编制清算后的资产负债表和损益表，经企业董事会或职工代表大会批准后宣布清算结束。其后，清算机构提出的清算报告连同

---

① 马莹，吴红翠. 现代企业管理［M］. 北京：中国人民大学出版社，2018.

清算期间内收支报表和各种财务账册，经中国注册会计师审计后，一并报主管财政机关，并向工商行政管理部门办理公司注销手续，向税务部门注销税务登记。

（二）清算组成员的组建

破产清算的清算组由人民法院依法组织股东、债权人、有关机关及有关专业人员成立。

而解散清算的清算组成员在不同情况下由不同机关决定：

其一，当解散清算由自愿原因导致时，有限责任公司由股东组成清算组，股份有限公司由股东大会确定清算组成员。如果公司在15日内没有成立清算组，债权人可以申请人民法院指定有关人员成立清算组。

其二，当解散清算由强制原因导致时，由有关机关组织股东、有关机关人员及有关专业人员成立清算组。

四、实施企业清算

（一）清算财产

清算财产包括企业在清算程序终结前拥有的全部财产以及应当由企业行使的其他财产权利。企业下列财产计入清算财产：宣告清算时企业经营管理的全部财产，包括各种流动资产、固定资产、对外投资以及无形资产；企业宣告清算后至清算程序终结前所取得的财产，包括债权人放弃优先受偿权利、清算财产转让价值超过其账面净值的差额部分；投资方认缴的出资额未实际投入而应补足的部分；清算期间分回的投资收益和取得的其他收益等；应当由破产企业行使的其他财产权利。

企业下列财产应区别情况处理：①担保财产。依法生效的担保或抵押标的不属于清算财产，担保物的价款超过其所担保的债务数额的，超过部分属于清算财产。②公益福利性设施。企业的职工住房、学校、托儿园（所）、医院等福利性设施，原则上不计入清算财产；但无须续办并能整体出让的，可计入清算财产。③职工集资款。属于借款性质的视为清算企业所欠职工工资处理，利息按中国人民银行同期存款利率计算；属于投资性质的视为清算财产，依法处理。④党、团、工会等组织占用清算企业的财产，属于清算财产。人民法院受理清算案件前6个月至破产宣告之日的期间内，清算企业的下列行为无效，清算组有权向人民法院申请追回财产，并入清算财产；隐匿、私分或者无偿转让财产；非正常降价出售财产；对原来没有财产担保的债务提供担保；对未到期的债务提前清偿；放弃自己的债权。①

清算财产需要变现以偿还债务。财产变现分为单项资产变现和综合资产"一揽子"变现。如果企业合同或章程规定或投资各方协商决定，企业解散时需对现存财产物资、债权债务进行重新估价，并按重估价转移给某个投资方时，则清算组应按重估价值对企业财产作价。

（二）清算债务

清算债务是指经清算组确认的至企业宣告破产或解散止清算企业的各项债务。企业清算债务主要包括下列各项：破产或解散宣告前设立的无财产担保债务；宣告时未到期的债务，视为已到期的债务减去未到期利息后的债务；债权人放弃优先受偿权利的有财产担保债务；有财产担保债务其数额超过担保物价款未受偿部分的债务；保证人代替企业偿还债务后，其代替偿还款为企业清算债务；清算组解除企业未履行合同致使其他当事人受到损害的，其损害赔偿款为企业清算债务；等等。但下列费用不得作为企业清算债务：宣告日后的债务；债权人参加清算程序按规定应自行负担的费用；债权人逾期未申报的债权；超过诉讼时效的债务。

企业清算财产变现后，先用于支付清算费用、应付未付的职工工资和劳动保险费，以及各种税款，剩余部分用于偿还债务。如果清算财产不足以偿还全部债务，则按破产法规定的顺序进行清偿。

（三）清算费用与清算损益

清算费用是指企业清算过程中所发生的各项支出。清算费用应当从清算财产中优先拨付，一般随时发生随时支付。清算财产不足以支付清算费用的，清算程序相应终结，未清偿的债务不再清偿。

清算费用的开支范围包括以下内容：清算期间职工生活费；清算财产管理、变卖和分配所需费用；破产案件诉讼费用；清算期间企业设施和设备维护费用、审计评估费用；为债权人共同利益而支付的其他费用，包括债权人会议会务费、破产企业催收债务差旅费及其他费用。企业清算组应严格按照经债权人会议审核的开支范围和标准拨付清算费用。

企业清算中发生的财产盘盈、财产变价净收入、因债权人原因确实无法归还的债务，以及清算期间的经营收益等计入企业清算收益。

企业清算终了，清算收益大于清算损失、清算费用的部分，依法缴纳所得税。

---

① 丁春慧，易伦. 财务管理[M]. 南京：南京大学出版社，2015.

（四）剩余财产的分配原则

企业清偿债务后剩余财产的分配，一般应按合同、章程的有关条款处理，充分体现公平、对等原则，均衡各方利益。

清算后各项剩余财产的净值，不论实物或现金，均应按投资各方的出资比例或者合同、章程的规定分配。其中，有限责任公司除公司章程另有规定外，按投资各方出资比例分配。股份有限公司按照优先股股份面值对优先股股东优先分配，其后的剩余部分再按照普通股股东的股份比例进行分配。如果企业剩余财产尚不足全额偿还优先股股金，则按照各优先股股东所持比例分配。如果是国有企业，则其剩余财产应全部上缴财政。

参考文献

一、著作类

[1] 财政部会计资格评价中心. 财务管理 [M]. 北京：中国财政经济出版社，2011.

[2] 陈荣奎. 公司财务管理 [M]. 厦门：厦门大学出版社，2006.

[3] 陈小平. 财务管理教程 [M]. 上海：华东理工大学出版社，2007.

[4] 陈玉菁. 财务管理 [M]. 北京：中国人民大学出版社，2008.

[5] 戴德明，林钢，赵西卜. 财务会计学（第九版）[M]. 北京：中国人民大学出版社，2017.

[6] 戴书松. 财务管理 [M]. 北京：经济管理出版社，2006.

[7] 丁春慧，易伦. 财务管理 [M]. 南京：南京大学出版社，2015.

[8] 宫巨宏. 财务管理学 [M]. 北京：中国铁道出版社，2006.

[9] 季光伟. 财务管理 [M]. 北京：清华大学出版社，2010.

[10] 荆新，王化成，刘俊彦. 财务管理学（第八版）[M]. 北京：中国人民大学出版社，2018.

[11] 李雪松. 企业财务管理咨询与诊断 [M]. 北京：中国经济出版社，2003.

[12] 刘春化，刘静中. 财务管理（第四版）[M]. 大连：大连出版社，2017.

[13] 卢家仪. 财务管理（第四版）[M]. 北京：清华大学出版社，2011.

[14] 吕宝军等. 财务管理 [M]. 北京：清华大学出版社，2006.

[15] 马克思. 资本论（第一版）[M]. 北京：人民出版社，2019.

[16] 马莹，吴红翠. 现代企业管理 [M]. 北京：中国人民大学出版社，2018.

[17] 马跃月. 财务管理 [M]. 北京：清华大学出版社，2009.

[18] 牛彦秀，刘媛媛. 财务管理操作与习题手册 [M]. 北京：经济科学出版社，2008.

[19] 欧阳令南. 财务管理——理论与分析 [M]. 上海：复旦大学出版社，2005.

[20] 彭岚. 财务管理 [M]. 北京：清华大学出版社，2008.

[21] 全国会计专业技术资格考试教材. 财务管理 [M]. 北京：中国财政经济出版

社，2007.

[22] 宋秋萍. 财务管理 [M]. 北京：高等教育出版社，2008.

[23] 孙德凤，解建秀. 财务管理项目化教程 [M]. 北京：冶金工业出版社，2008.

[24] 王希旗，王红珠. 财务管理 [M]. 北京：科学出版社，2008.

[25] 王欣兰. 财务管理学（第二版）[M]. 北京：北京交通大学出版社/清华大学出版社，2017.

[26] 王艺霖，王爱群. 企业集团财务控制 [M]. 北京：经济科学出版社，2017.

[27] 吴井红. 中级财务管理 [M]. 上海：上海财经大学出版社，2006.

[28] 希金斯. 财务管理分析 [M]. 沈艺峰，译. 北京：北京大学出版社，2003.

[29] 严碧容，方明. 财务管理学 [M]. 杭州：浙江大学出版社，2016.

[30] 晏志高. 财务分析与案例 [M]. 成都：西南财经大学出版社，2006.

[31] 杨雄胜. 高级财务管理 [M]. 大连：东北财经大学出版社，2009.

[32] 姚海鑫. 财务管理 [M]. 北京：清华大学出版社，2007.

[33] 袁建国. 财务管理习题与解答 [M]. 大连：东北财经大学出版社，2006.

[34] 张建伟，盛振江. 现代企业管理 [M]. 北京：人民邮电大学出版社，2011.

[35] 张瑞君. 企业集团财务管控 [M]. 北京：中国人民大学出版社，2015.

[36] 张长胜. 企业全面预算管理 [M]. 北京：北京大学出版社，2013.

[37] 章萍，鲍长生. 财务管理 [M]. 上海：上海社会科学院出版社，2015.

[38] 中国注册会计师协会. 财务成本管理 [M]. 北京：中国财政经济出版社，2017.

二、期刊类

[1] 陈琼. 企业财务会计信息质量的影响因素与优化策略 [J]. 纳税，2018，12（28）：117.

[2] 成静，彭代斌. 大数据管理与会计信息质量 [J]. 中国注册会计师，2018，232（09）：5+54-58.

[3] 崔佳钰. 企业财务战略管理探究 [J]. 中国商论，2019，(4)：97-98.

[4] 邓春芝. 企业集团财务管理问题探讨 [J]. 中国商论，2018，(36)：105-106.

[5] 冯谦. 浅析全面预算管理与管理会计 [J]. 中国商论，2018，(5)：108-109.

[6] 高培旺. 风险与收益权衡的证券投资组合决策方法 [J]. 财会月刊，2011，(18)：71-73.

[7] 胡春晖，于添，薛婧. 刍议管理会计的几个基本理论问题 [J]. 商业会计，2014，(22)：52-54.

[8] 黄琦. 会计预算对成本的影响研究及其现实意义［J］. 科技创新与应用, 2013, (21): 277.

[9] 孔令采, 王黎明. 浅析全面预算管理在企业中的应用［J］. 中国商论, 2018, (32): 117-118.

[10] 刘红娟. 财务管理的重要性与风险控制［J］. 价值工程, 2019, 38 (3): 28-30.

[11] 刘景东. 证券投资组合的风险与收益浅析［J］. 时代金融（下旬）, 2018, (8): 129-130, 134.

[12] 刘丽然. 对企业会计成本核算与管控相关问题的探讨［J］. 百科论坛电子杂志, 2018, (21): 673.

[13] 彭伟. 财务预测管理体系构建研究［J］. 财会学习, 2019, (11): 22-23+27.

[14] 屈颖. 企业会计成本核算与管控探析［J］. 财会学习, 2018, (10): 92.

[15] 田梅婷. 企业战略价值化管理的方法研究［J］. 中国商论, 2019, (1): 131-132.

[16] 吴大扣. 财务风险浅析［J］. 山西师大学报（社会科学版）, 2013: 16-17.

[17] 席薇. 财务风险控制与企业价值创造关系的研究［J］. 财会学习, 2019, (5): 61-63.

[18] 肖长芳, 钟爱军. Excel在证券投资收益计算中的应用［J］. 财会通讯, 2012, (5): 4-6.

[19] 杨晓梅. 企业全面预算管理的困境及对策探讨［J］. 中国商论, 2018, (18): 82-83.

[20] 袁绪潘. 内部控制与短期债务融资实证研究［J］. 吉林工商学院学报, 2019, 35 (1): 24-27.

[21] 张晓宇. 风险与收益比较分析［J］. 商场现代化, 2011, (17): 168.

[22] 钟爱军, 邹丹. 财务预测、回归分析与Excel建模［J］. 襄阳职业技术学院学报, 2018, 17 (03): 84-86.

[23] 钟俊达. 企业短期筹资产品组合及战略研究［J］. 物流技术, 2012, 31 (5): 17-19.